JN038430

高等学校

「主題」と「問い」でつくる 地理総合

山本 晴久 著
Yamamoto Haruhisa

明治図書

はじめに

　2022年度（令和 4 年度）から実施の高等学校の学習指導要領では，必修科目「地理総合」が新設されました。1982年度（昭和57年度）に「現代社会」の必修化とともに「地理」が必修から外されて以来，40年ぶりのこととなります。地理教育関係の学会や研究会，各種出版物はその話題で持ち切りとなり大変盛り上がっておりましたが，それと同時に「誰が担当するのか」が危惧される事態となります。

　「現代社会」に続き，94年度（平成 6 年度）から世界史が必修化されたこともあり，地理の履修者はこれまで年々減っており，大学入試における地理受験者の減少，地理受験が可能な大学の減少，さらには大学で地理を専攻した高校の地理教員の減少という負の連鎖によって，高校の現場に地理の教員が少ない，いないという状況が続いていました。このような中で地理が必修化されるわけですから，歴史や公民を専門とする先生方が「地理総合」を担当せざるを得ないという状況が予想されます。自分が専門外の科目を担当するときのことを思うとその大変さも容易に想像がつきます。

　しかし，本当に大変なのは大学を出たての，中でも高校時代に地理を学んでいない若い先生方かもしれません。授業以外に学級担任，分掌，部活動など従来の業務に加え，初任以降も毎年のように経験者研修が課され多忙を極めている中で，慣れない地図やＧＩＳ，まだよくわかっていない学校周辺地域の防災や社会課題の解決を学習内容とする新設科目を担当することは，かなりの負担だろうと思われます。

　考えてみると，私も採用されて間もないころ日々の授業に困ったときには，まさに「藁をもつかむ」思いで職場の先輩方に相談したり，教育研究会に参加して発表を聞いたり，何冊もの授業実践本を買ったりしていました。今回，採用間もない若い先生，地理を専門としない先生方に向けて，授業における生徒たちとの対話にそって話を進める形式の本をつくる，というお話をいただきました。私自身も，長らく学級担任に加えて分掌の仕事や部活顧問をやりながら，日々の授業に苦しんできた教員ですので，最先端の専門的，研究的なものではありません。「これぐらいだったら，自分にもできるかもしれないな」とか，「次の授業の導入にちょっと使ってみようかな」と感じてもらえるような，加えて授業や地理の楽しさを伝えられるような本になればと思っています。

　2022年 6 月

山本　晴久

Contents

第3章　持続可能な地域づくりと私たち

序章

地理総合での
授業づくりのポイント

1

「地理総合」の授業づくりとは

1 何を学ぶのか？

　2022年度から年次進行で実施される高等学校学習指導要領においては，教科・科目にかかわらず，従来からの「何を知っているのか」を重視する「知識・理解」中心の学習から，「何ができるのか」を問う「資質・能力」の育成を目指す学習への転換が明確に示されました。

　さらに，「資質・能力」については，「何を理解しているか，何ができるか（知識・技能）」，「理解していること・できることをどう使うか（思考力，判断力，表現力等）」，「どのように社会・世界と関わり，よりよい人生を送るか（学びに向かう力，人間性等）」の3つの柱として整理され，各教科等の目標や内容においても，これに基づいて再整理をすることもあわせて求められています。

　その中で，「地理総合」の目標は「社会的事象の地理的な見方・考え方を働かせ，課題を追究したり解決したりする活動を通して，広い視野に立ち，グローバル化する国際社会に主体的に生きる平和で民主的な国家及び社会の有為な形成者に必要な公民としての資質・能力の育成」とされました。このことから，「地理総合」の学習内容（表1）は，この目標に沿った形で，求められる資質・能力の育成に必要な項目によって構成されたものということになります。

大項目A　地図や地理情報システムで捉える現代世界

(1) 地図や地理情報システムと現代世界

　現代世界の地域構成を主な学習対象とし，その結び付きを地図や GIS (Geographic Information System：地理情報システム) を用いて捉える学習などを通して，汎用的な地理的技能を習得する。

大項目B　国際理解と国際協力

(1)生活文化の多様性と国際理解

　世界の特色ある生活文化を学習対象とし，場所や人間と自然環境との相互依存関係などに着目して，生活文化と地理的環境との関わりを捉える学習などを通して，国際理解の重要性を認識する。

(2)地球的課題と国際協力

　地球的課題を学習対象とし，空間的相互依存作用や地域などに着目して，課題解決の方向性を捉える学習などを通して，国際協力の重要性を認識する。

大項目C　持続可能な地域づくりと私たち

(1)自然環境と防災

　国内外の防災を主な学習対象とし，人間と自然環境との相互依存関係や地域などに着目して，地域

性を踏まえた自然災害への備えや対応について考察する学習などを通して，持続可能な地域づくりを展望する。

(2)生活圏の調査と地域の展望

　生活圏の地理的な課題を主な学習対象とし，空間的相互依存作用や地域などに着目して，地域性を踏まえた課題解決に向けた取組の在り方を構想する学習などを通して，持続可能な地域づくりを展望する。

表1　「地理総合」の学習内容（文部科学省『高等学校学習指導要領［平成30年告示］解説地理歴史編』より作成）

　以上に示した学習内容を簡潔にまとめるとすれば，①地図や地理情報システム（GIS）などを用いて地理的技能を身に付け，②グローバルな視点から国際理解や国際協力を，ローカルな視点から防災や地域づくりを考察し，③持続可能な社会づくり（ESD：Education for Sustainable Development）を目指す実践的な科目，ということになるでしょうか。

　大地震や豪雨などの自然災害，未知の感染症の爆発的流行などをはじめとして，国内外問わず様々なスケール（ローカル⇔グローバル）で解決すべき社会課題が山積し，先を見通すことが困難なこの時代において，「地理総合」はすべての高校生が学ぶ共通必履修科目として設定されました。このことから，「地理総合」には，様々な社会課題に対応する力の育成を通して，持続可能な社会の形成に寄与することが期待されており，それだけに「何ができるのか，できるようになったのか」がより問われるようになるのだろうと考えられます。少しプレッシャーのようにも感じますが，やりがいをもって授業づくりに取り組んでみたいと思います。

2　どう学ぶのか？

　これまでに述べてきた学習内容を具現化したものとして，初めての「地理総合」の教科書が各出版社から発行され，すでにそれぞれの高校において使用が開始されました。私自身も，何冊かの教科書に目を通しましたが，これまでのものと比べてみて最も印象に残ったのは，「何を学ぶのか？（学習内容）」の構成・精選の工夫もさることながら，「どう学ぶのか？（学習方法）」について相当のエネルギーを割いて執筆・編集されたのだろうということでした。

　そのいくつかを思いつくままに挙げてみると，ダイヤモンドランキング，シミュレーションなどといったアクティビティやGISなどを体験できるページが設定されていること，それぞれの学習項目が，「地理的な見方・考え方」やSDGsのどの部分に該当するのかが示されていること，巻末に作業用のシートが付属していたり，QRコードを読み取ることで自学自習，画像・動画等の参考コンテンツを閲覧できるようになっていたりすること，など多岐にわたっています。

　これらについては，執筆・編集者の方々による努力の賜物であると同時に，今次の学習指導要領「学習指導（方法）の改善・充実等」において，いくつかの点が明文化されたことによるものと考えられます。

以下，このことについて①主体的・対話的で深い学び，②地理的な見方・考え方，③「主題」や「問い」を中心に構成する学習の３点から考えてみたいと思います。

①主体的・対話的で深い学び

　もともとは，大学等の高等教育における授業改善の一環として導入され話題となった「アクティブ・ラーニング」が，高等学校以下の中等初等教育の現場にも取り入れられ，「主体的・対話的で深い学び」と呼ばれるようになり，数年が経過しました。それぞれの学校においても，様々な動きがあったと思われます。

　学習指導要領においては，「資質・能力」の育成を目指すための授業改善の一環として，単に授業方法や技術の改善を意図するものではなく，これまでにも通常行われてきた学習活動（言語活動等）の質を向上させることを主眼とするもの，として位置付けられています。また，校種をこえて社会科，地理歴史科，公民科に共通するそれぞれの「学びの視点」については，（表２）の通りです。

「主体的な学び」の視点

　生徒が学習課題を把握しその解決への見通しを持つことが必要である。単元を通した学習過程の中で動機付けや方向付けを重視するとともに，学習内容・活動に応じた振り返りの場面を設定し生徒の表現を促すようにすることが重要である。

「対話的な学び」の視点

　実社会で働く人々が連携・協働して社会に見られる課題を解決している姿を調べたり，実社会の人々の話を聞いたりする活動の充実が期待される。

「深い学び」の視点

　「社会的な見方・考え方」を用いた考察，構想や，説明，議論等の学習活動が組み込まれた，課題を追究したり解決したりする活動が不可欠である。教科・科目及び分野の特質に根ざした追究の視点と，それを生かした課題（問い）の設定，諸資料等を基にした多角的・多面的な考察，社会に見られる課題の解決に向けた広い視野からの構想（選択・判断），論理的な説明，合意形成や社会参画を視野に入れながらの議論等が求められる。

表２　「主体的・対話的で深い学び」の視点（中央教育審議会答申［平成28年12月］より作成）

　このように見てみると，「主体的・対話的で深い学び」の視点としてあげられていることは，学習指導要領でも述べられているように，初めて世に出たものというわけではなく，多くの先生方が工夫を重ねながら実践されてきたものばかりです。私自身も，「地理」だけでなく「現代社会」や「政治・経済」など，これまでに担当した科目の中で，外部の方を講師としてお呼びする，プレゼン，シミュレーション等，様々な手法を取り入れてきました。とはいえ，「深い

学び」といえるレベルにまで到達することは稀（「先生，こんなんだったら普通の授業の方がいいです」と言われたこともあります）であり，多くの失敗授業の山を築いてきました。

　そう考えると，個々の教員の努力の範囲にとどまっていた取組（各種研究会の場では共有されてきてはいます）が学習指導要領上に直接位置付けられ，生徒たちのために皆で目指すべきもの，とされたことには感慨深いものがあります。他方で，このことが「絵に描いた餅」とならないよう，文部科学省をはじめとして教育行政に携わる方々には，ICT環境等，十分な教育諸条件の整備について是非ともお願いしたいものです。

②地理的な見方・考え方

　前掲（表2）中の「深い学び」の視点冒頭にあるように，学習指導要領では「見方・考え方」を働かせることが強調され，各教科等の「見方・考え方」は，「その教科等ならではの物事を捉える視点や考え方」であり，「各教科等を学ぶ本質的な意義の中核をなすもの」，「教科等の学習と社会をつなぐもの」である，とされています。先にも述べたように，数社の教科書においても，巻頭に「地理的な見方・考え方」が特集されていたり，それぞれの学習項目がどの「見方・考え方」に該当するのかが明示されていたりしており，重視されていることが理解できます。

　「地理的な見方・考え方」については，平成元年版の学習指導要領に導入されて以来，かなりの時間が経過していますが，今次の改訂では，「主体的・対話的で深い学び」を実現するために不可欠なものとして明確に位置付けられています。学習指導要領においては，「地理総合」の目標の(2)，「思考力，判断力，表現力等」に関わるねらいを示した中に「地理的な見方・考え方」を構成する視点として，①位置や分布，②場所，③人間と自然環境の相互依存関係，④空間的相互依存作用，⑤地域，の5つが明示されています。それぞれの意味するところについては，以下（表3）に示します。

①位置や分布
　「それはどこに位置するのか，どのように分布するのか」，「なぜそこに位置するのか」，「なぜそのような分布の規則性，傾向性を示すのか」
②場所
　「それはどのような場所なのか」，「その事象はそこでしか見られないのか，他でも見られるのか」
③人間と自然環境の相互依存関係
　「そこでの生活は，周囲の自然環境からどのような影響を受けているか」，「そこでの生活は，周囲の自然環境にどのような影響を与えているか」
④空間的相互依存作用
　「そこは，それ以外の場所とどのような関係をもっているのか，なぜ，そのような結び付きをしているのか」

⑤地域

　「その地域は，どのような特徴があるのか」，「この地域と他の地域ではどこが異なっているのか，なぜそのようになったのか」，「どのような地域にすべきか」

表3　「地理的な見方・考え方」を構成する視点（文部科学省『高等学校学習指導要領［平成30年告示］解説地理歴史編』より作成）

　私自身，この「見方・考え方」は，「地理とは，どんな学問か？」そのものを表していると思っています。年度はじめ最初の授業の中で次のように話をしています。

　　Ｔ（教師，以下同じ）：地理とは，「ここに○○があるのはなぜ？（あっちにないのはなぜ？）」を追究する科目なんですよ。
　　Ｓ（生徒，以下同じ）：……（まだ，教師がどんなヒトかわからないので緊張している）。
　　Ｔ：例えば，みんなは学校に来るまでに坂を上り下りしますよね。みんなにとっては迷惑な話かもしれないけど，その坂はただ何となくそこにあるのではなくて，科学的な理由があって存在しているのです。
　　Ｓ：……（と言われても，よくわからない）。
　　Ｔ：我々が暮らす社会には色々な問題がありますが，その中には地理的な事象が背景となっているものも多くあります。そういった問題の解決方法を考えるために，「ここに○○があるのはなぜ？」を知っておくことには大きな意味があるんですよ。まだ，ピンとこない人がほとんどだと思いますので，その都度お話ししますね。そして，「ここに○○がある」ことを言葉や文字だけで表そうとしてもわかりにくいので，地理では「地図を使って表現すること」がとても重要になります。
　　Ｓ：……（余計に難しくなってきた）。
　　Ｔ：もう少し言うと，皆さんは他にも歴史や公民の授業を受けるわけですが，これら社会科科目の勉強というのは，身に付けた知識や技能を使って，将来起こるかもしれない様々な社会問題の解決方法を考えられる人になるためのものだと私自身は思っています。
　　Ｓ：（少しざわつく）（「えっ，地理って社会科だったの？」）（「理科かと思っていた……」）
　　Ｔ：（おいおい……）※「初回あるある」ですが……

　授業初回に①〜⑤すべてを伝えようとしても無理がありますので，この程度にしておき，後の授業内容に応じて，「この山脈が存在するのは，〜のような理由によるものです。決して，ただ何となくここにあるわけではないのです」，「この地域に多くの○○工場が集まっているのは，ただの偶然ではなく，〜といった背景があるのです」というようにまとめ，確認するようにしています。
　また，「同じ見方や考え方を他の地域（事象）に当てはめてみると，どんなことがわかるか

な？」といった展開も重要です。具体的には，比較的早い段階で学習する地図や統計資料の読み方等，既習事項を「使える」知識・技能として定着させるために，当該単元だけでなく後の学習においてもその内容に応じて繰り返し取り扱うことなどがあげられます。ただでさえ，「地理（社会科）は，暗記科目」と考える生徒が多い中で，「見れば（調べれば）わかることを，ひたすら暗記する」よりも，他の地域や事象に応用できる（＝将来役に立つ）「見方（調べ方）を身に付ける」ことにこそ学ぶ意味がある，ということを伝えられるからです。

③ 「主題」や「問い」を中心に構成する学習

　さて，これまでに「主体的・対話的で深い学び」とはどのようなものか，またその実現のために「地理的な見方・考え方」が不可欠である，ということについて，私自身の考え方も含めて述べてきました。それでは，どのような授業を構想・構成すれば「地理的な見方・考え方」を働かせ，鍛えられ，「主体的・対話的で深い学び」を実現することができるのでしょうか。学習指導要領は，これらを促す学習場面を設定することが必要であり，そのためには，適切な「主題」や「問い」を中心に学習を構成するべきであるとしています。

　少し唐突ですが，長らく私にとっての「理想の授業」とは，①基本的に一話完結，②一見，授業内容には関係のなさそうな話題（世間話？）から開始，③実はそれが導入となっており，気が付けば授業内容に入っている，というものでした。とくに①については，一つのテーマが複数時間にまたがると，生徒にとってはわかりにくくなるのではないかという「配慮」がありました。また，「今日の授業は，『○○について』です。教科書○ページを開いて。」という授業の始め方だけは避けたいと，生徒たちの興味や関心を引けそうな導入や，それにつながる日常的な話題をいつも探してきたように思います（本編を充実させることは当然のこととして，ですが）。

　一方で，このようなタイプの授業に対しては，授業間の関連性が薄く，生徒自身の興味，関心や問題意識と乖離し，結果として知識中心の「暗記地理」の温床となってきた，という批判がありました。今次の学習指導要領では，「主体的・対話的で深い学び」とは1回の授業内で完結するものではないということから，単元全体を貫く「主題」とそれに基づく「問い」を設定し，「課題把握」（動機付け，方向付け）→「課題追究」（情報収集，考察・構想）→「課題解決」（学習のまとめ）という一連の過程から構成された学習活動をとおして，「資質・能力」の育成を図ることが求められています。

　「地理総合」の教科書においても，出版社による差異はあるものの，大〜小それぞれの項目について，「○○は，なぜ〜なのだろうか？」といった「主題」や「問い」が，きめ細かく設定されていますので，そのまま利用して授業を行うことも可能だと思います。他方で学習指導要領では，「各校においては生徒や学校などの実態を踏まえて適切な『主題』とそれに基づく『問い』を立て，それらを中心に構成した学習活動の実施」，つまり授業者自身の工夫が求められていることにも留意する必要があります。

2

「主題」をどう捉えるか

■1 「主題」とは

　前にも述べたように，学習指導要領では「生徒自身が社会的事象を多面的・多角的に考察し，表現する中で，『社会的事象の地理的な見方・考え方』を働かせることができるような，適切な『主題』や『問い』」を立てることが求められており，『学習指導要領解説』（以下，『解説』）においてはいくつかの事例も紹介されています。そのうちの「主題」について，以下に示します。

大 項 目 Ａ ：「貿易相手国の変容とその要因」

大項目Ｂ (1) ：「地理的環境を踏まえた生活文化の理解と尊重」

　　同　　 (2) ：「食料問題とその解決の方向性」

大項目Ｃ (1) ：「自然環境と水害の関わり」

　　同　　 (2) ：「買い物弱者の問題」，「住宅団地の空洞化」

　「主題」とは「単元全体を貫く問い」であるとされていますが，これを見ると「単元全体」の範囲にはかなり幅があり，柔軟に考えてもよさそうです。例えば大項目Ａの「貿易相手国の〜」は小項目・小単元どころか１時間の授業のテーマになりそうですし，大項目Ｂ(1)の「地理的環境を踏まえた〜」は中項目(1)をほぼ貫いているといえます。私自身は，残りの３つのように２〜３時間の授業で構成される小項目・小単元ごとに「主題」を設定した方が使い勝手が良いように思いますので，本書も同様の形式で書きました。また，「主題を設定」するといいますが，誰が「設定」するのでしょうか。文部科学省ウェブサイト上の「平成30年改訂の学習指導要領に関するＱ＆Ａ」には，「当初より生徒が問いを立てられるのなら，それは望ましい」としながらも，その段階に至るまでは「教師が適切な問いを設定することが考えられ」るとあります。さらに，「実際には生徒の実態や学校の実態」によって，とくに「科目のまとめの学習となる」大項目Ｃ(2)「生活圏の調査と地域の展望」においては，「生徒自身が自分たちの課題意識を問いとして立てることが期待され」るとも述べられています。

　以前に小学校の授業を参観したことがありますが，子どもたちの疑問をもとに立てられた問いを追究し，そこから出てくる新たな問いを……というように，子どもたちや教師自身も「次どうなるんだろう？」とわくわくするような授業が展開されていました（当然，周到な準備がなされてはいましたが）。ただ，これは学級担任制の小学校であるからこそ可能なことで，教科担任として何クラスもの生徒を受け持つ中高の現場においては難しいものがあります。私自

身，生徒たちの疑問などをもとに授業の一部を構成してみたことはありますが，１クラスのみを対象として研究的に行ったときのことです。これらのことから，文部科学省のQ&Aにあったように基本的には教師が設定した「主題」をもとに授業を構成し，大項目Cその他で生徒たち自身の課題意識を抽出しやすい単元があれば無理のない範囲で試みる，というあたりが現実的ではないかと考えます。

　さて，先に示した「主題」の事例にはそれに続く「問い」も紹介されていますが，「主題」に対して，なぜそのような「問い」が立てられたのかが読み取りにくいように思います。「問い」は，「主題」を明らかにするために授業内に仕掛けられているものですから，その「問い」に答えることによって「主題」のどの部分が明らかになるのかが示されなければなりません。言い換えれば，「問い」は「主題」から逆算して導き出されるものということになります。しかし，実際に示されている「主題」は「食料問題とその解決の方向性」といったように非常に端的に表現されていますので，「問い」を立てるには少し不親切です。このことから授業者は，「〜？」という疑問形で表現されている「主題」に対する答え，つまり，この「主題」で２〜３時間の授業を構成するのであれば「このことについては気付かせたい，伝えたい」という授業の見通し，「概略」を準備しておく必要があると私自身は考えています。

　次に，本書第２章６「地域の統合と人々の生活文化（西ヨーロッパ）」を例として，その「主題」と「概略」を示します。

主題：「地域統合は，人々の生活文化にどのような影響を与えているのだろうか？」

概略（気付かせたい，伝えたいこと）：欧州連合（EU）域内では，共通通貨ユーロの流通や国境通過の自由により利便性が向上し，人々の生活に大きな影響を与えている。この背景には，西ヨーロッパ諸国が二度にわたる世界大戦後の国際的地位や経済力の低下に対し，地域統合による復興と経済発展を目指してきたことがある。一方で，ＥＵの地域的拡大は経済的に豊かな中心部から東欧諸国をはじめとする周辺地域に向かったことから，地域間の経済格差による労働力や生産拠点の移動が起こり，これまで豊かさを享受してきた人々の間にＥＵや移民への反発など，分裂につながりかねない動きが広がっている。

　「概略」の内容については，まず教科書の記述を参考にすることが基本であるとは思いますが，そもそも学習指導要領においては「生徒の実態や学校の実態」により「適切な問い」を設定することとされているわけですから，授業者自身の興味関心や経験にもとづいて，時事的な要素なども取り入れながら構成することも可能でしょう。他にも，いわゆる「実践本」の内容や，研修会・研究会などで見聞きした実践を追試してみるのも一つの方法であると思います。しかし，他所で見つけたものをそのまま授業で使おうとしてもなかなか上手くいかないことも事実です。私自身も数多くの失敗をとおして，「生徒の実態」に合わせて準備をすることの大切さを思い知りました。

3

「問い」をどうつくるか

1 「問い」をどうつくるか

　次に,「問い」をどのようにつくる(立てる)のかという点について述べていきます。前述の『解説』における中項目ごとの「主題」には,それぞれに付随する「問い」についてもその事例が示されています。その中から,少し長くなりますが,大項目B(2):「食料問題とその解決の方向性」に続いて示されている「問い」について紹介します。

「世界の人々の食生活の変化により,世界の農業はどのように変化しているだろうか」

　➡世界の農業を取り巻く状況をおおまかに捉える。

「世界各国の食料生産と食料消費にはどのような傾向性があるだろうか」

　➡世界の食料の需給には不均衡があることなどを捉え,食料問題の現状について考察する。

「世界には飽食を可能とする人々がいる一方で,なぜ飢餓や栄養不足に悩む人々がいるのだろうか」

　➡各国の国内状況や国家間の関係について多面的に捉え,食料問題の要因について考察する。

「食料問題の解決のために各国あるいは国際的にはどのような取組がなされているのだろうか」

　➡各国あるいは国際的な取組を捉え,食料問題の解決の方向性について考察する。

「食料問題を解決するために,各国あるいは国際的に,今後どのような取組をすべきなのだろうか」

　➡さらに追究を深めるような発展的な学習へ。

　以上のように,それぞれの授業において「」内の「問い」について,下の矢印以降に示された学習活動を重ねていくと,最終的に「食料問題とその解決の方向性」が明らかになる構成となっていることがわかります。一方で,上の事例では2〜3時間程度の授業を行うことが想定されると思われますが,それぞれの場面においてどのような「問い」を発するのかということについて,もう少し細かい準備をしておかないと授業が成立しません。そこで,前項に示した西ヨーロッパについての「概略」を用いて「問い」を導き出してみます。

欧州連合(EU)域内では,①共通通貨ユーロの流通や国境通過の自由により利便性が向上し,人々の生活に大きな影響を与えている。この背景には,西ヨーロッパ諸国が二度にわたる②世界大戦後の国際的地位や経済力の低下に対し,地域統合による復興と経済発展を目指してきたことがある。一方で,③EUの地域的拡大は経済的に豊かな中心部から東欧諸国をはじめとする周辺地域に向かったことから,④地域間の経済格差による労働力や生産拠点の移動が起こり,これまで⑤豊かさを享受して

> きた人々の間にＥＵや移民への反発など，分裂につながりかねない動きが広がっている。

　「概略」中の下線部①〜⑤は，２時間の授業をとおして生徒たちに気付かせたい，伝えたいことの具体的内容です。これらを導き出すためにどのような「問い」を発すればよいのか，について想定したものを下に示しました。

問い：

①－a　ヨーロッパを旅行すると「所持金が半分になる」って？

　－b　ユーロ紙幣のデザインはなぜ共通？

　－c　統合によって，ユーロ流通の他にどのようなことが可能になった？

②－a　日韓朝中の間で統合は可能だろうか？

　－b　ヨーロッパはなぜ「統合」に向かったのだろうか？

　－c　再度の戦争を防ぐためには，どのような仕組みが必要だろうか？

③－a　ヨーロッパはなぜ「分裂」に向かっているのだろうか？

　－b　ＥＵ（ＥＣ）の拡大は，地理的にはどのように進行した？

　－c　ＥＵ（ＥＣ）の拡大は，経済的にはどのように進行した？

④－a　なぜ，外国人はドイツを目指すのか？

　－b　ドイツの大企業経営者たちは，外国人労働者をどう見るだろうか？

⑤－a　ドイツの人々は，外国人労働者をどう見るだろうか？

　－b　社会の変化を不安に思う人々に受け入れられやすい主張とは，どのようなものだろうか？

　－c　右派とは，どのような人々だろうか？

　－d　なぜ，イギリスはＥＵを離脱したのだろうか？

　２時間の授業におけるメインの「問い」は，②－b「ヨーロッパはなぜ『統合』に向かったのだろうか？」と③－a「ヨーロッパはなぜ『分裂』に向かっているのだろうか？」の二つです。たしかに，「主題」である「地域統合による人々の生活への影響」について大きな視点から問うてはいるのですが，少し抽象的です。実際の授業では，もっと具体的な事象について考え，理解してもらわなければなりませんので，そこを引き出すための小さな「問い」をできるだけ多く用意しておきます。

　例えば，「概略」中の①「共通通貨ユーロの流通や国境通過の自由により利便性が向上し」を引き出すために，まず「問い」①－a「ヨーロッパを旅行すると『所持金が半分になる』って？」というなぞなぞのような「問い」を発し，「ユーロ導入以前のヨーロッパ旅行では，両替手数料の負担が大きかった」という答えから逆説的にユーロ流通を導き出します。次に，b「ユーロ紙幣のデザインはなぜ共通？」と問うことで，ユーロ紙幣がどこの国のものでもない

架空の（世界をつなぐ）橋や（世界に開かれた）窓が描かれている「統合の象徴」であること
を示します。そして，中学校での既習事項でもあるｃ「統合によって，ユーロ流通の他にどの
ようなことが可能になった？」と問い，国境通過の自由化，各種制度や免許等の共通化など，
「主題」である「地域統合による人々の生活への影響」の一つが導かれることになります。

　これらの「問い」については，授業ノートにおおまかには書き出しておくことが多いです。
ただ，そのすべてではありませんし，授業中に思いついて発問することも多々あります。思い
つきであったとしても「上手くいったな」というものはメモをしておいて毎年使い，自分自身
の財産となっています。私自身はこれまでも，授業の「概略」を準備し，要点となる「問い」
とともに具体的事項の一つ一つを導き出すための小さな「問い」をできるだけ多く準備してお
く，という手順で授業づくりを行ってきました。このことは，「主題」と「問い」を中心とし
た展開が求められる「地理総合」においても大きく変わることはないだろうと考えています。

２ 質の良い「問い」を探す

　さて，その内容が何であれ生徒たちに投げかけたものはすべて「問い」です。私自身，ガラ
クタのような「問い」を数多く発してきてしまったという後悔がありますが，他方で良質な
「問い」を準備することはそう簡単ではないと思います。本当に必要なことを確認するのであ
れば，教科書を見れば答えられるような「問い」であっても「まあいいか」となりますが，や
はりちょっと悔しい。ですから，日々の授業を楽しくできるかどうかは，生徒たちが「へぇ
ー」，「なるほどねえ！」と言ってくれるような「問い」，言い換えれば「ネタ」をどのくらい
探し出し蓄積できるかにかかっていると思います。以下に，この後の本編で扱った「問い」の
一部を類型別（厳密なものではありません）に示してみます。

学校知を問う 小中学校での既習事項における誤解や思い込みを指摘し，認識を揺さぶる

・メルカトル図の限界を知ろう！（第１章１）　・国じゃないところ探しゲーム（第１章２）
・世界で一番「長い」山は？（第２章１）　・牛肉を食べるインド人って？（第２章４）
・どこの「国」の人口ピラミッド？（第２章11）
・アフリカの飢餓の原因は「気候変動」だけ？（第２章12）

生活知を問う 日常生活や常識の中から答えを見つけ出せそうなもの

・ペンギンはなぜ南半球にしかいないのか？（第２章２）
・ヨーロッパを旅行すると「所持金が半分になる」って？（第２章６）
・これは何のメニュー？（第２章８）　・日本の空港の滑走路はどっち向き？（第３章１）

`モノから問う` 身の回りの，あるいは教材として持ち込んだモノをとおして考えさせる

> ・フォトランゲージで考えてみよう！（第2章2，9）
> ・「メイドイン○○〜」を探そう！（第2章7）

`価値を問う` 社会課題について，個々の価値判断とディスカッションをとおして考えさせる

> ・熱帯林の開発についてランキングで考えてみよう！（第2章9）
> ・再生可能エネルギーの利用について話し合おう！（第2章10）
> ・災害慰霊碑，災害遺構をどう見るか？（第3章1）
> ・「おおたかの森公園」問題を考える協議会に参加しよう！（第3章2）

`活動をとおして問う` 教室を出て，現地を見る体験から考えさせる

> ・屋上から学校周辺を眺めてみよう！（第3章2）
> ・フィールドワークに出かけよう！（第3章2）

　ここにあげたものは，直接授業の準備をしているときに，というよりも全く関係のない場面で新聞や雑誌の記事を読んでいたり，テレビのニュース番組や研修会・研究会で見聞きしたりして手に入れた方が多いと思います。ただ，そのときに「これは使えるかも」と思ってもそのまま忘れてしまうことも多いので，可能な限りその場で切り抜く，コピーを取る，該当する授業ノートのページにメモしておくなどして，「生け捕り」できるように心がけています。仕事ばかりの日々になりがちではありますが，それ以外の場面で様々なものにふれておくことの大切さを実感します。

３ 「生活圏」をどう問うか

　『解説』においては，とくに年間の学習のまとめとして位置づけられている大項目C，生徒たちの生活圏を対象とする学習に関して，事前調査（デスクワーク）や現地調査（フィールドワーク），発表の具体的な方法などが詳細に示されていますが，何を「主題」，「問い」とするかは「学校所在地の事情を……考慮して」，「各学校で」設定することとなっています。これまでにも，地理を専門とする教員の中でも「フィールドワークはちょっと……」といったような話がありましたが，「地理総合」の必修化により専門外の教員が担当することが増えるとなると，学校周辺地域の地理的諸条件を踏まえた上で防災や社会課題の解決などについてオリジナルの授業をつくるということは相当の負担になると思われます。そこで，私自身が地域の授業づくりにあたって無理のない範囲で試みてきたことについて，以下に示します。

①学校の周辺を歩いてみる

　自動車通勤が多いと思われる仕事ですが，夏休みなど少し時間に余裕があるときに学校の周りをぶらぶら歩いてみると，土地の微妙な起伏を実感することができたり，意外な場所を見つけたりすることができます。学校の裏手にある小さな神社（天満宮）や，かわいらしい美術館，イチゴ狩りができる農園（ビニルハウス）などは，定番の巡検コースとなっています。また，親切そうな方に「いつもウチの生徒がご迷惑を……」と言いつつお話を伺うのも楽しいです。地形図を持って歩けるといいと思います。

②市役所や博物館などに行ってみる

　事前に連絡をするのがマナーですし，入手したい情報が何であるかを明らかにしておく必要もありますが，「地元の高校の教員なんですが，授業で……」と切り出すととても丁寧に対応していただけます。市役所でハザードマップや2500分の1地形図を手に入れる際に土木関係の部署の方に水害対応についてお話を聞いたり，博物館の学芸員の方には地域の地名の由来などを教えていただいたりしました。わからないことだらけですので，色んなところを訪ねてお話を聞きました。

③何らかのテーマをとおして地域を見る

　私の場合は，一つが「水」でした。本校周辺は台地に低地が入り組んだ地形で，豪雨の際には低い場所に向かって水が一気に集まるため，いわゆる内水氾濫のリスクがあります。また，歩道だと思っていたところが暗渠だったということもあって，地域の水がどこへ向かって流れているのかを気にするようになりました。これが大体わかってくると，全体の高低や傾斜も見えて地域の理解に役立ちました。

④とりあえず資料をとっておく

　場所にもよるとは思いますが，地域のことについては情報が少なすぎますので，ちょっとした新聞記事や，リーフレット，たまたま見つけた本などはストックしておきます（荷物が増えますが）。資料といえば，図書館等には各都道府県の基礎資料集，千葉であれば『千葉県史』があり，歴史だけではなく地形や気候など自然誌についての巻も発行されており，参考とすることができます。

4

「評価」をどうするか

■1 「評価」の基本的な方向性・内容

　周知のとおり，今回の学習指導要領から各教科等の目標及び内容が，育成を目指す資質・能力である「知識及び技能」，「思考力，判断力，表現力等」，「学びに向かう力，人間性等」の3つに再整理され，評価についてもこれら3観点によって行うとする「指導と評価の一体化」が打ち出されました。このことについて，文部科学省の国立教育政策研究所がその具体的な実施方法や事例についてまとめた『「指導と評価の一体化」のための学習評価に関する参考資料高等学校　地理歴史』（以下，『参考資料』）をもとに，その基本的な方向性や内容を確認しておきたいと思います。

　まず，評価は「内容のまとまり」ごとに行い，「地理総合」の場合には「内容のまとまり」とは中項目であるとされています。中項目とは，「大項目A地図や地理情報システムで捉える現代世界　(1)地図や地理情報システムと現代世界」から「大項目C持続可能な地域づくりと私たち　(2)生活圏の調査と地域の展望」までの5項目のことです。学習指導要領を見ると，それぞれの中項目には「ア知識及び技能」と「イ思考力，判断力，表現力等」のもとにその具体的な目標が(ア)…，(イ)…という形で記載されており，評価規準を作成する際には(ア)，(イ)などの文言に「知識及び理解」の評価であれば「…理解している」や「…を身に付けている」を当てはめるとしています。例えば，大項目A(1)の目標ア(ア)「現代世界の地域構成を示した様々な地図の読図などを基に，方位や時差，日本の位置と領域，国内や国家間の結び付きなどについて理解すること」の「すること」を「している」に置き換えると，「理解している」かどうかを問う評価規準となるということです。そして，具体的な授業の中に「どの場面」で「どのような方法」で評価するのかを計画し，それぞれを「A十分満足できる」，「Bおおむね満足できる」，「C努力を要する」の3段階で評価し，「内容のまとまり」つまり「中項目」が終わったところで3観点ごとの総括的評価を行うとされています（表4）。

事項ごとの評価	単元の目標					
	知1	知2	技能	思1	思2	態度
	ABC等	ABC等	ABC等	ABC等	ABC等	ABC
「知識」の総括	→ABC等		ABC等	ABC等		
各観点の総括	「知識・技能」の総括	→ABC		ABC		ABC

表4　単元の各観点の評価を総括する際の例（『参考資料』より作成）

最終的には年間の授業，「地理総合」でいえば五つの中項目の総括的評価を総合して年間の評価が決定され，指導要録に新しく設けられる「観点別学習状況」欄に記載されることになります。

　『参考資料』には，「地理総合」における三つの中項目における評価の事例が掲載されていますので，以下簡潔に示します。

　事例1　キーワード　単元を見通した評価の総括の仕方

単元名：「地図や地理情報システムと現代世界」（A (1) 地図や地理情報システムと現代世界）

　　三つの観点の評価を行う場面のバランスのよい設定や評価の総括の考え方について示す。

　事例2　キーワード　思考力等を問うペーパーテストを用いた評価の工夫

単元名：「生活文化の多様性と国際理解」（B (1) 生活文化の多様性と国際理解）

　　思考力等を問う考査問題の在り方，誤答分析，問題の改善について示す。

　事例3　キーワード　ワークシートを用いた「技能」，「主体的に学習に取り組む態度」の評価

単元名：「私たちのまちの防災対策」（C (1) 自然環境と防災）

　　論述やレポートの作成，発表，グループでの話合いなど，資質・能力の育成や評価に資する多様な方法について示す。

　事例には，それぞれの中項目で行われる10時間または15時間の指導計画が示され，その中に「知識・技能」と「思考・判断・表現」それぞれの評価場面と内容が記載されています。また，評価は観点別評価の記録に用いる「評定に用いる評価」と，生徒の学習状況を把握し日常の学習改善につなげる「学習改善につなげる評価」に分けられています。

　ここからは，『参考資料』の内容にもふれながら私自身の捉え方について述べたいと思います。まず，それぞれの学校規模等の状況にもよりますが，「地理総合」は2単位の必修科目であることから，一人の教員が他科目も兼ねて5クラス200人前後を担当することになるのではないかと思われます。上の事例1や事例3では，ワークシートを用いて丁寧に生徒たちの学習状況を把握し，「未記載の生徒には記載するよう促す」，「授業前後の記載内容を対比から生徒の変容を見取り評価を行う」などとありますが，担任や分掌業務，部活動をこなしながら，200人の生徒を相手にそこまでの指導を行うことはそう簡単なことではありません。

　そこで，参考としたいのは事例2です。ここでは，「思考力，判断力，表現力等」の評価については「事実的な知識の習得を問うだけの問題ではなく，地理的な見方・考え方を働かせて様々な視点から主題を考察させる，実際の授業場面でも展開されるような思考過程自体を問題にすることで，ペーパーテストであっても，思考力等を見取る問題が実現できる」（波線部筆者）と述べられ，いくつかの問題例が示されています。私自身も，ここ最近の社会の流れや新課程に向けた大学入試問題の変化などに影響を受けて，教科書やノートに書いてある語句を

そのまま問うことを避け，代わりに「初めて目にする資料について，授業で扱った知識・技能や考え方を用いて正解にたどり着く」タイプの出題（生徒からは「難しい！」と評判が悪いですが……）を心がけています。

　すでに中学校段階で取り組まれていることだと思いますが，①定期考査を「知識・技能」と「思考・判断・表現」を問うものに分けて出題し，それぞれの点数を観点別評価の材料とする，②「内容のまとまり」ごとに１，２回程度のレポート作成，発表，話合い等の機会をもち「思考・判断・表現」の評価に加える，③「主体的に学習に取り組む態度」の評価については「思考・判断・表現」の評価に準ずる，といったあたりが現実的なのではないかと考えています。授業や考査問題のブラッシュアップは必須ではありますが，私たち教員にとっても「持続可能」な評価の在り方を検討していく必要があると思います。

第1章

地図や地理情報システムで
捉える現代世界

世界を地図上に表す方法には，どのようなものがあるだろうか？

1 本単元の主題とねらい

> 世界を地図上に表す方法には，どのようなものがあるだろうか？

　地表に見られる様々な事象とその分布の在り方を探究していく「地理」では，地図を活用することが欠かせません。「地理総合」においても，大項目Ａ，教科書上では第1章で「地図やGIS（地理情報システム）を用いて汎用的な地理的技能を習得」し，年間を通して後の各項目，各章において継続して活用することになります。本授業は，その1時間目を想定しています。

　年間の授業の導入として，生徒たちに「世界地図」を描かせると，ほぼ全てが判で押したような「メルカトル風」の図になります。球体である地球を平面の地図上に表そうとすれば，必ずどこかに「ゆがみ」が生じます。「メルカトル図」の特性を理解した上で描くのであれば問題はありませんが，図上で表現されていることそのままに世界を認識してしまっている生徒も少なくありません。この単元では，一面的な世界の見方がもたらす誤解を解き，地球の姿を表現する方法は多様であるということに気付かせたいと思います。ただし，平面の地図上において，地球という球体の面積，距離，方位などすべての要素を正しく表現することは不可能です。地図を活用する際には，このことを理解して，その目的に合った地図を選択する必要があります。

2 各時間の問い

第1時
　・世界の認識は，人によってどのように異なるのだろうか？〜世界地図を描こう！

第2時
　・丸い地球を平面に正しく表すことはできるのだろうか？〜メルカトル図中心の世界認識の限界を知ろう！

第3時
　・図法による特性と活用の仕方の違いにはどのようなものがあるだろうか？〜「東京中心」の地図って，どんな地図？

3 単元の指導計画

時	ねらい	学習活動	教師の指導（＊評価）
1	**問い** 世界の認識は，人によってどのように異なるのだろうか？		
1	世界の描き方には，描いた人が暮らす時代や地域，その人が世界をどのように捉えているのか，などが表れ，多様であることに気付かせる。	・何も見ないで白紙に「世界地図」を描いてみる。 ・周囲の生徒たちと，それぞれが描いた地図を見比べてみる。 ・「メンタルマップ」について理解する。 ・自分たちが描いた世界地図の傾向について考え，理解する。 ・様々なタイプの世界地図を見比べてみる。	・世界地図を描き，周囲の生徒たちと見比べてみるよう指示する。 ＊ある程度，正確な図が描くことができている。 ・メンタルマップについて説明する。 ・自分たちが描いた地図から読み取れる傾向について考えさせる。 ＊地図から読み取れる傾向について，考え，説明できている。

主題
世界を地図上に表す方法には，どのようなものがあるだろうか？

時	ねらい	学習活動	教師の指導（＊評価）
2	**問い** 丸い地球を平面に正しく表すことはできるのだろうか？		
2	一面的な世界の見方は，様々な誤解を招く可能性があるということに気付かせる。	・ワークシートを用いて「東京から見た東西南北」「ロンドンへの最短コース」などについて，グループで話し合い，答えを出す。 ・問い：「教会の聖堂はどこを向いている？」について，グループで意見を出し合う。	・地球儀を活用しながら，ワークシートの解説をする。 ＊地球を球体として捉え，考えることができている。
3	**問い** 図法による特性と活用の仕方の違いにはどのようなものがあるだろうか？		
3	平面の地図には，「ゆがみ」が生じるため，その目的に合った地図を選択する必要があることを理解させる。	・「東京中心」の世界を描くためには，どのような地図が適当なのか，グループで話し合う。 ・「メルカトル図」，「正距方位図」の特性，適した用途について理解する。	・問いについて，グループで話し合うよう指示する。適した地図を，教科書や地図帳から探すのもよい。 ・2つの図法について，解説をする。 ＊「メルカトル図」，「正距方位図」の特性，適した用途について理解している。

4 授業展開（2・3時）

1 丸い地球を平面に表すと？ （第2時…35分）

第1時では，生徒たちに世界地図を描かせ，その図に表れる特徴について考えてもらいました。これを「メンタルマップ＝頭の中の世界地図」といい，図には描く人自身の世界認識や，暮らしている時代，地域による差異が表れるということについても，あわせて説明しました。

4人程度のグループをつくらせてから，ワークシート（図1）を配付し，「グループ内で相談して，答えを出してください。ただし，何も見てはいけません」と指示します。

しばらく時間を取った後，指名した何人かを前へ出させ，スクリーンに投影してある同じ地図を使って，答えを発表してもらいます。中学校の地理教科書にも，同じ問いが出ているはずな

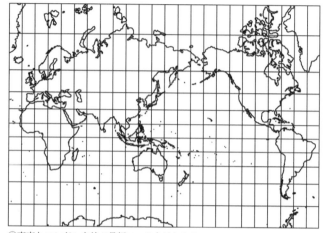

①東京とロンドンを結ぶ最短コースを示しなさい。
②東京から見た東西南北の方位をそれぞれ示しなさい。
③東京の対蹠点（たいせきてん：真裏の地点）を◎で示しなさい。

図1 ワークシート「丸い地球を平面に表すと？」

出典：佐藤崇徳 on the Web 地図投影法学習のための地図画像素材集
(https://user.numazu-ct.ac.jp/~tsato/tsato/graphics/map_projection/index.html)

のですが，毎年のように誤答が続出します。ご想像の通り，①は二点間を直線で結び，②は地図中の経緯線と同様に，北－南と西－東を直交させてしまいます。一方で，③については印象が強いのか，ほとんどが正解を出せます。

T：前回の授業で世界地図を描いてもらいましたが，みんな判で押したようにワークシートと同じタイプのものでした。日本で暮らしていると，幼い頃から目にする世界地図のほとんどがこれですので，我々には知らず知らずのうちに，この地図をとおして地球の姿や世界を見るクセがついてしまっているのです。

　世界地図は，球体である地球の姿を，ある意味では無理やり平面上に表したものですから，どうしても「ゆがみ」が出ます。この「ゆがみ」に気付かず，地図はすべて正しいと思い込んでしまうと，誤解してしまうことがたくさんあります。では，地球の姿を最も正しく表現できるものといえば？

S：地球儀！

T：そうですね。いくら科学技術が進歩しても，面積や距離，方位などすべての要素が正しい世界地図つくることは不可能です。地球儀を使って確認してみましょう。

後ろの席からも何とか見える大きさがあれば，どんなタイプで

図2 風船地球儀

もいいとは思いますが，私はインパクト重視で，直径１ｍ弱の海洋部分が透明な風船地球儀（図２）を使っています。まず，①東京－ロンドン間の最短コースですが，図２のように２点間にテープをピンと張って当てたところが，見た目の通り最短（大圏航路，大圏コース）となります。一方で，地図上の直線で表されるコースは，地球儀上では遠回りとなり緩みが出ます。

　次に，②東京から見た東西南北については，地球儀の周囲と同じ長さに切ったテープ２本を半分のところで直交，接着させたものを用意します。中心は東京ですから，直交する部分を東京に置き，１本のテープを北極点と南極点に合わせたときに，もう１本が示す線が東西方向となります。そして，東西それぞれの方向へ地球を半周した地点，アルゼンチン沖の海上が，③の対蹠点です。透明な風船地球儀ゆえ，

図３　ワークシート正解（「地理院地図」により作成）

東京を私に向ければ，対蹠点を生徒たちに確認してもらうこともできます。ワークシートの正解を，図３に示します。

2 教会の聖堂はどこを向いている？ （第２時…10分）

　時間に少し余裕があるときには，次のような話をしています。ヨーロッパには，どんな小さな町でもその中心には教会があり，人々の暮らしに根付いています。その内部，神父さんや牧師さんがありがたいお話をされる「聖堂」をどこに向けて建てるかは，決められているそうです。この方向には何があり，ヨーロッパからみてどの方位になるのでしょうか？

　グループで相談して答えを出させてみると，「ありがたいお話に後光が差すから，南」など，いくつか出てきます。「太陽が昇る方だから，東」も正解の一つになりますが，私の方で用意している答えは「聖地エルサレムがある方，東」です。「聖地」までたどり着くグループも少数ありますが，メルカトル図の感覚そのままに，うっかりと方位を「南東」としてしまいます。日本と同じく，ヨーロッパからみた東西の方位線も経線とは直交しません。地域によっては少し南寄りになるところもありますが，聖堂は東向きに建設されるそうです。

　ちなみに，英語で"orient"は東方，東洋のことですが，その派生語である"orientation"は，「教会を東向きに建てる」が「同じ方向を向かせる」，学校や企業等の「適応（初期）指導」に転じたものです。こんなことにもふれながら，この時間を終わります。

3 「東京中心」の地図って，どんな地図？ （第３時…45分）

　Ｔ：前回の授業ですけど，普通，最短コースは直線で，東西南北は直交しますよね。なぜ，あの地図ではそうならないんでしょう？　ヒントは，「東京から」ロンドンへの最短とか，「東京から」見た東西南北，です。

　Ｓ：東京を中心に，ということ？

T：その通り。東西南北のテープがクロスしているところを，東京に置きましたよね。

S：でも，あの地図，東京が真ん中にありますよ。

T：そう見えますけど，実は真ん中，中心ではないんですよ。

S：？？？

　ワークシートの地図，「メルカトル図」は赤道を中心につくられていますので，実際に経線と東西方向が直交するのは赤道上だけです。地軸を垂直にして地球儀を置き，真ん中を通る赤道を中心に見ている状態です。一方，北緯36度の東京を中心にするためには，南へ向かって36度傾ける必要があります。このことについて，地球儀を見せながら説明した後に，「東京を中心に描いた地図を，教科書や地図帳から見つけてみましょう」と指示をすると，生徒たちは簡単に「正距方位図」を探し出します。この2つの地図を対比させながら，「丸い地球を平面に表す」方法について話をします。

T：突然ですけど，皆さんはどうやってミカンを食べますか？

S：え…？（このヒトは，何を言い出すのだろう？　といった顔）

T：ま，普通は皮をむいて食べますよね。ヘタが北極点だとすると，南極点あたりに指をブスッと刺して，ジワジワってむきますね。

S：はあ……。

T：5，6回で全部むけるよね。で，むいた皮を横に並べると……。

　地球儀を切り開くと，舟形をした平面の部品の集まりになります（図4）。赤道部分では隣り合っていますが，北と南に向かうにつれ徐々に狭まり，すべての先端が北極点と南極点を示します。これらの先端を東西に引き延ばし，無限となる南北方向を途中でカット，というのが「メルカトル図」のイメージです。このことから，緯度が高くなるほど距離と面積が拡大され，南北それぞれ60度上では，距離が2倍，面積は4倍に拡大されます。

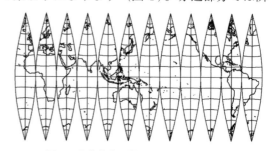

図4　南北方向に地球を切り開いた舟形
出典：佐藤崇徳 on the Web 地図投影法学習のための地図画像素材集
(https://user.numazu-ct.ac.jp/~tsato/tsato/graphics/map_projection/index.html)

T：というわけで，ワークシートの地図，みんなが慣れ親しんできたあの地図は，こうやってつくられたんですね。

S：でも，この地図，使えないですよね，方位も正しくないし。

T：そんなことないですよ。ちゃんと使ってました。この地図は，メルカトルという地理学者がその原型を発明しました。今から500年くらい前，大航海時代のことです。

　この図では，経緯線が直交することから，2地点を結ぶ直線と経線がつくる角度はどこも同じです。船乗りたちは，すでに正確に使えるようになっていた方位磁針を見ながら，一定の角度に進路を取ることで，目的地に到達することができました（最短距離にはなりませんが）。

S：でも，やっぱり使えないですよね，今は GPS もあるし……。

T：お，GPS を知ってますね。実はメルカトル図は今もしぶとく活躍中です。「Web メルカトル」といって，Google マップなどみんながよく使う Web 上の地図はメルカトル図です。

S：へぇー，そうなんだ……。

T：さて，次は東京を中心に描かれた「正距方位図」です。丸い形をしていますね。この地図，どうやってつくられていると思いますか？　さっきのミカンの話で考えてごらん。東京が中心ということは，ヘタを東京だとすると，どこを指でブスッと刺せばいいかな？

S：反対側だから……，対蹠点？

　東京を中心とする「正距方位図」（図5）は，東京を中心に切り開いてできた舟形を円周方向に拡大したイメージでつくられています（図6）。舟形の先端それぞれ全てが東京の対蹠点であることから，円周全体が対蹠「点」を示します。少しわかりにくいところですが，図の中心から円周までは地球半周分，その距離は2万kmとなります。この図では，中心からの距離と方位のみが正しく表されます。前時のワークシート①ロンドンへの最短ルート，②東京から見た東西南北，をあらためて確認することができます。

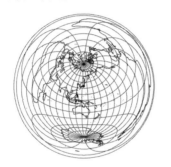

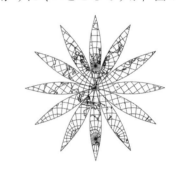

図5　東京中心の正距方位図　　　図6　東京を中心に地球を切り開いた舟形

出典：佐藤崇徳 on the Web 地図投影法学習のための地図画像素材集
(https://user.numazu-ct.ac.jp/~tsato/tsato/graphics/map_projection/index.html)

5　評価について

　今回の授業については定期考査に，中学校での既習事項を合わせて考えさせる問題を作成しました。

【問い】東京−ロンドン便の航空機がロシア上空を飛行するようになったのは，1990年代以降のことである。

(1)それ以前の同便の最短ルートとして最も適当なものを，地図中A〜Cのうちから選びなさい。〔知・技〕

(2)同便がロシア上空を飛行できるようになったのはなぜか，説明しなさい。〔知・技〕

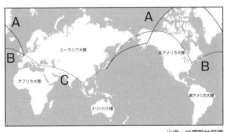

出典：地理院地図徳

【解答】(1)A いわゆる「北極回り」。飛行距離は，約12,500km。
　　　　(2)東西冷戦期は，資本主義国の航空機がソ連上空を飛行することは許されなかったが，1991年のソ連崩壊後に可能となったため。

現代世界における国家やその領域とは，どのようなものだろうか？

1　本単元の主題とねらい

> 現代世界における国家やその領域とは，どのようなものだろうか？

　生徒たちにとって，もしかすると大人にとってみても，国家とは所与のもの，すでにそこにあるものと捉えられがちであるかもしれません。しかし，国家が国家として認められるための条件，いわゆる「国家の三要素」とは，かなり相対的な，社会的に構築されたものともいえます。オリンピックをテーマにしたアクティビティをとおして，「国とは何か」についてあらためて考える機会としたいと思います。

　それに続いて，日本の地理的位置や，広大な経済水域を含む領域の特徴，また沖ノ鳥島の保全など中学校での既習事項を確認します。さらに，北方領土など領土問題については歴史的経緯や現状を理解した上で，その解決方法を探るロールプレイングを行い，海洋国家として今後あるべき日本の姿についても認識を深めさせたいと思います。

2　各時間の問い

第1時

・国家が認められる条件にはどのようなものがあるだろうか？〜「国じゃないところ探しゲーム」をやってみよう！

第2時

・世界における日本の領域の特徴にはどのようなものがあるだろうか？〜日本が世界6位の広さとは？

3 単元の指導計画

時	ねらい	学習活動	教師の指導（＊評価）

主題

現代世界における国家やその領域とは，どのようなものだろうか？

問い **国家が認められる条件にはどのようなものがあるだろうか？**

時	ねらい	学習活動	教師の指導（＊評価）
1	国家の存在とは所与のものではなく，国家の成立要件も社会的に構築されたものであることに気付かせる。	・グループに分かれ，地図帳を活用しながら，「国じゃないところ探しゲーム」に取り組み，協力してゲームの答えを出す。 ・「国じゃないところ」それぞれの事情について考え，国家の成立要件，「国家の三要素」，「国家の領域」について理解する。	・ゲームのルールについて指示し，活動の様子を観察する。 ・ゲームの正解を示し，各地域が国家承認されていない事情について考えさせ，「国家の三要素」，「国家の領域」についてまとめる。 ＊「国家の三要素」と未承認地域の事情を理解している。

問い **世界における日本の領域の特徴にはどのようなものがあるだろうか？**

時	ねらい	学習活動	教師の指導（＊評価）
2	広大な経済水域をもつ海洋国家である日本の位置やその領域の特徴について理解し，領土の保全は重要な課題であることに気付かせる。	・世界の国土面積ベスト5と，日本の面積，順位を確認する。 ・日本が6位となっている排他的経済水域面積の上位国を示す資料を見て，それらの国々に共通する特徴について考える。 ・教師の示す写真（沖ノ鳥島の写真）を見て，写っているものは何か，考える。 ・多額の費用をかけて島を守る理由とは何か，考える。 ・広大な経済水域をもつ海洋国家である日本にとって，領土の保全は重要な課題であることを理解する。	・世界の国土面積上位国と日本の面積を比較させる。 ・排他的経済水域面積の上位国を示し，何についての資料か，また挙げられている国々の共通点は何か，を問う。 ・「沖ノ鳥島」についての写真資料を示し，島をめぐる現状について説明する。 ・「沖ノ鳥島」を囲む排他的経済水域の面積を計算させ，ここから何がもたらされるのか，考えさせる。 ＊日本の位置やその領域の特徴，領土をめぐる諸問題について理解している。 ＊領土問題の解決策について考え，意見を述べることができている。

4 授業展開（1・2時）

1 「国じゃないところ探しゲーム」をやってみよう（第1時…45分）

T：いつのオリンピックだったか忘れたけど，開会式を見ていたら，「世界200を超える国と
　地域が参加し……」って言っているのを聞いて，「あれ，オリンピックって国が参加する
　ものでしょ？」と疑問に思ったわけですよ。

S：（うなずく）

T：ということは，参加しているチームの中に国じゃないところがあるってことになるよね。
　では，ちょっとしたゲームをしましょう。2021年の東京オリンピックに参加したチームの
　一覧表（開会式の入場順）を配ります。グループに分かれて，何を見てもいいですから，
　ここから「国じゃないところ」をすべて探し出してください。最も早く正解にたどりつい
　たグループには賞品を差し上げましょう！

　賛否あるとは思いますが，生徒たちは本当にこの手のゲーム，とくに順位を競うものが大好
きです。とても楽しそうに取り組んでいます。今回は，地図帳の使い方の復習も兼ねています。
基本的に国名は太ゴシックの赤字で表されていますから，それと対照すれば答えは出ます。最
も効率的に探せるのは，地図帳巻末の「地名さくいん」欄だと思います。日本開催の場合，基
本的には五十音順で入場しますのでとくに簡単に探せるかもしれません。

　他国開催の場合には，その国の言語によって入場順が大きく変わる（例えば，北京五輪は簡
体字表記の画数順）ことと，よく知られているように，発祥の地・ギリシャは1番目，開催国
は最後，なども導入として使えそうです。ちなみに，東京五輪では最後の3カ国は2028年ロサ
ンゼルス五輪のアメリカ，24年パリ五輪のフランス，そして開催国の日本でした。今後の開催
国を引き立てる演出とのことですが，巨額の放映権料を出すアメリカの大手テレビ局への配慮
という説もあります（早い時間にアメリカが入場行進を終えると，視聴者がチャンネルを変え
てしまうため）。

　さて，ゲームの方は，「正解が出たら廊下へ報告しに来なさい」という指示をします。次々
とやってきますが，「違います。またおいで」と帰しつつ，時間を見ながら「3つ違う」など
ヒントを出すこともあります。全問正解が出たところでゲームは終了です。

T：一番乗りのチームおめでとう！　このオリンピックでは，難民選手団，ROC，グアム，
　チャイニーズ・タイペイ（以下，台湾），ホンコン・チャイナ（同，香港），パレスチナな
　ど13チームが「国じゃないところ」でした。ということは，206−13＝193で，国は193と
　いうことになりますね。ところで，世界の国の数っていくつでしたっけ？

S：たしか，冒険バラエティー番組で「世界195カ国制覇！」って言ってたような……。

T：いいですねえ。現在は，日本が承認している195カ国に日本を加えた196カ国です。とい
　うことで，参加国193に対して国の数196ということは，不参加が3となりますね。みんな

が知っているあたりで，この表にない国は？　ヒントは，アスリートがいなさそうな国です。

S：いなさそう……？

T：国民のほとんどはカトリックの聖職者で，世界で一番小さ……

S：（教師の声をさえぎり）バチカンだ！

ほかに，ドーピング問題で国としての参加ができなかったロシアなどですが，日本が承認していない朝鮮民主主義人民共和国（北朝鮮）は「3」に入っていませんので，不参加4ともいえます。次に，「国じゃないところ」の事情を探っていきます。

T：では簡単そうなところで，「英領〜」や「米領〜」は何？

S：植民地のようなところ？

T：わかりやすく言うとそうですね。グアムやプエルトリコなんかもそうです。では，パレスチナや台湾，香港は？　このあたり，名前は聞いたことあるよね？

S：たしかに……。国のような，じゃないような……。

T：ちょっと話を変えますね。例えば，私が突如，自宅の庭に旗を立てて「ヤマモト共和国」の建国を宣言したとしますね。みんな，国として認めます？

S：（キッパリと）認めません！

T：なぜ？

S：……（「なぜ？」って……，といった顔をしている）

T：だって，領土（自宅庭）も国民（私）もありますよ。あと何が足りないの？

　国家が国家として認められる条件を，「国家の三要素」といい，①領域（場所），②国民（人），③主権の三つが含まれます。「主権」とは，国内的には，国の方針を決定し，国土や国民を統治する力，対外的には，他国からの干渉を受けず独立して意思決定を行う力のことをさします。授業で例として扱った「ヤマモト共和国」と並べるのは失礼極まりないのですが，「パレスチナや台湾には，領域もあるし国民もいます。しかし，例えば台湾についていえば，中南米のグアテマラやパラグアイをはじめ世界十数カ国が国家として承認していますが，その他の国々からは（承認を）得られていません。そのあたりの事情は場所によって違うので，詳しくはそれぞれの地域について学習する単元で扱います。」と伝え，この時間を終えます。

2 日本が「世界で6位」の広さって何？（第2時…20分）

T：今日は，中学校の復習から入りましょうか。広い国，国土面積が大きい国をあげてみて。

S：ロシア！

T：はい，まずそこね。他には？

S：アメリカ！（続いてカナダや中国など，だいたい出てくる）

T：（表1を板書しつつ……）ベスト5は，これらの国々ですよね。日本は，約38万？で60位くらい，上位の国々には及びませんね。でも，世界200近い国の中で60番目くらいです

から，もっと小さい国がたくさんある，ともいえますね。

（表2を板書）さて，このランキングは，何についてのものだと思いますか？　世界地図なら，見て参考にしてもいいですよ。グループで相談してみよう！

1	ロシア	17,098,246（k㎡）
2	カナダ	9,984,670
3	アメリカ	9,833,517
4	中　　国	9,600,000
5	ブラジル	8,515,767
	日　　本	377,975

表1　国土面積ランキング
（外務省資料より）

1	アメリカ	762（万k㎡）
2	オーストラリア	701
3	インドネシア	541
4	ニュージーランド	483
5	カ　ナ　ダ	470
6	日　　本	447

表2　領海及び排他的経済水域ランキング
（環境省資料より）

表題にもあるように，領海と排他的経済水域のランキングです。「国家の領域」については，前時にふれていることもあり，世界地図を見ながら「どんな国がランク入りしているかな？」と問い，やり取りをしているうちに「海岸線の長い国」であることに気付くと，答えを導き出せるようです。

周りを海に囲まれる「海洋国家」である日本は，国土面積のおよそ12倍もの経済水域を有し，そこからもたらされる恩恵には計り知れないものがあります。この範囲については，地図帳等で確認させたいところですので，私は色ペンでなぞらせています。

3 小さな小さな「島」を守る理由とは？ （第2時…25分）

T：（図1を示す）次に，ある写真を見てもらいましょう。これは，どこの何？

S：（「何かの基地？」，「周りは海？」，「島？」などざわつく）

T：続いて，この写真（図2）。

　これは1枚目の場所を遠目から写したものです。

S：あー，何か見たことある！　何とか鳥島？

日本最南端の島である「沖ノ鳥島」は，東京から南へ約1700km，北小島と東小島からなる無人島です。満潮時には露岩と環礁のみとなり消失の恐れがあったため，30年ほど前から波消しブロックなどで周りを囲む護岸工事が行われてきました。さらに，2014年からは調査船が立ち寄ることのできる係留施設の建設工事も始まっています（同年3月には作業中の桟橋が転覆し，残念ながら7人の方が亡くなる事故がありました）。

T：この島に関わる工事には，これまでに750億円もの巨額の予算が投じられてきたのですが，そこまでしてこの小さな小さな島を守るのはなぜだと思いますか？　これまでに

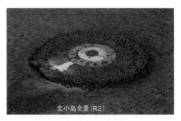

図1　沖ノ鳥島
出典：国土交通省パンフレット「日本最南端の島沖ノ鳥島の保全直轄海岸管理」（http://www.ktr.mlit.go.jp/ktr_content/content/000090712.pdf）より

図2　沖ノ鳥島
出典：国土交通省関東地方整備局特定離島港湾事務所「沖ノ鳥島の風景」（https://www.pa.ktr.mlit.go.jp/ritou/okilandscape/map.html）より

　　学習したことや，地図を使って考えてごらん。もし，この島がなくなったら……？

S：周りの排他的経済水域もなくなる！

T：そのとおりですね。では，失われる面積はどれくらいになると思いますか？

　あらためて地図を見ながら，「日本の東西南北端」についても確認すると，最東端の「南鳥島」を囲む水域が円上に独立していることがわかります。「1海里＝1852m」を用いて，実際に計算させてみるとよいと思います。地図上では「点」にすぎないような小島であっても，もしものことがあれば，その周囲にある日本の国土面積を超える範囲からもたらされる水産資源や鉱産・エネルギー資源をも失うことになるかもしれません。

　国際的には，「国連海洋法条約」において何を「島」とするかが定義されています。日本政府は，「島とは，自然に形成された陸地であって，水に囲まれ，高潮時においても水面上にあるものをいう」をもとに領有権を主張しています。一方で，同条約には「人間の居住または独自の経済的生活を維持することのできない岩は，排他的経済水域又は大陸棚を有しない」との表現があり，中国はこれを根拠として周辺海域に調査船を派遣しています。

　この他にも，北方領土をはじめとする周辺国との領有権をめぐる問題にもふれながら，「海洋国家」日本が今後取るべき道について考えさせたいと思います。

5　評価について

　まとめの学習活動として，「北方領土問題の解決を考えるロールプレイング」について簡単に紹介します。5人前後のグループを編成し，日露両政府の関係者，日本の元島民，ロシア人島民などの役割とその主張を記したカードを配り，それぞれの役割を決めます。まずは役割ごとに集まり，自分たちが発言すべき内容とその根拠について考えた後，もとのグループに戻りそれぞれの立場を主張し合い，解決策を探ります。最後に，議論をとおして考えたことも参考にして，自分自身の意見を書かせ，下表により評価を行います。〔思・判・表〕

評価の段階	評価の基準
A：十分満足できる	Bに加え，複数の視点から見た多角的な主張ができている
B：おおむね満足できる	異なる立場からの意見にもふれながら，多面的な主張ができている
C：努力を要する	一方的に，自分の立場からのみの主張に終始している

　このような活動にあたっては，歴史的な経緯や両国の主張など，基本的な知識が身に付いているかどうかも重要だと思います。定期考査においては，日露通好条約（1855年），樺太・千島交換条約（1875年），ポーツマス条約（1905年），サンフランシスコ平和条約（1951年）により確定された国境線の変遷についての問題も課し，理解の定着度をはかりました。

3 　地図や地理情報システムは，どのように役立っているだろうか？

1 　本単元の主題とねらい

地図や地理情報システムは，どのように役立っているだろうか？

　第1章の1（26頁〜）では，丸い地球を平面の地図上に表現し，主に世界図を描く方法，いわゆる小縮尺（縮尺の「大」「小」とは，「○○分の1」を割り算したときの答えの「大」「小」をさします）の地図について学習しました。いかにも「地理の授業」という感じの内容です。これに対して，身の回りの世界を表す大縮尺の地図は，おもにデジタル化された形で私たちの日常生活の様々な場面で活用されています。一方で生徒たちはというと，ある程度は使いこなしているはずなのに，とくに地形図学習についての苦手意識に引きずられているのか，その恩恵を受けていることに気付いていない様子も見られます。

　本授業では，お互いの「地元」を紹介するための地図づくりとその発表という身近な事例をとおして，我々の生活と地図の関わり，とくに地理情報システムの基本的なしくみと活用することの意義について気付かせたいと思います。また，ここで身に付けた知識や技能は，大項目C，教科書上では最終章における防災学習や，地域の課題を見出しその解決方法を考える学習につながるという意味でも重要なものとなります。

2 　各時間の問い

第1時
　・場所の様子をわかりやすく伝えることができる地図とはどのようなものだろうか？
　　〜「地元を紹介する」地図をつくろう！

第2時
　・GIS，GNSS の機能や役割とはどのようなものだろうか？〜「地元を紹介する」地図を発表しよう！

3 単元の指導計画

時	ねらい	学習活動	教師の指導（＊評価）

主題

地図や地理情報システムは，どのように役立っているだろうか？

問い 場所の様子をわかりやすく伝えることができる地図とはどのようなものだろうか？

時	ねらい	学習活動	教師の指導（＊評価）
1	地図には主題図と一般図があり，その目的や範囲に応じて適した地図を使うことが必要であることに気付く。	・ペアでお互いの「地元紹介」をする。 ・「地元紹介地図」をつくる。 ・「地理院地図」を操作してみる。	・「地元紹介地図」の作成を指示する。 ・「主題図」の例を紹介する。 ・「一般図」の例として，「地理院地図」を紹介する。時間があれば，付属の諸機能について演示する。 ＊「地理院地図」を表示し，簡単な機能を使うことができる。

問い GIS，GNSS の機能や役割とはどのようなものだろうか？

時	ねらい	学習活動	教師の指導（＊評価）
2	我々の生活における様々な場面において，GIS による地理情報の活用や，GNSS による地球上の位置情報の取得などの技術がすでに利用されていることに気付き，あらためてそのしくみを知る。	・4人一組のグループで「地元紹介地図」を発表し合い，相互評価を行う。 ・「コンビニの新規出店を検討するのに必要な情報」について考え意見を出し合う。	・発表，相互評価についての指示をする。 ＊わかりやすい地図を作成できる。 ＊聞き手の興味を引くプレゼンをすることができる。 ・GIS のしくみを説明し，「コンビニの新規出店」検討に必要な情報とは何か問う。 ・GNSS のしくみとその活用方法について説明する。

4 授業展開（1・2時）

1 「地元を紹介する地図」をつくろう！（第1時…50分）

　高校入学からまもない時期の授業として，ペアで「地元紹介」に取り組みます。

　Ｔ：高校に入学してまだ間もないところですが，皆さんちょっとずつ仲良くなってきましたか？　お互いのこと，わかってきました？　高校はいろいろなところから通ってきている

人たちの集まりだから，「えっ，こんなヤツいるんだ?!」みたいなこともあって面白いですよね。というわけで，今日はお近付きのしるしに隣の席の人とペアで「地元紹介」をしてみましょう。では，ジャンケンをしてください……。はい，では勝った人から，自分の出身中学校を教えてください。さらに，最寄り駅から自宅までの道案内をしてみよう！終わったら，次に負けた人が同じことをしてくださいね。

S：（それぞれのペアで活動する）

T：次は，最寄り駅から自宅の周辺にある「おすすめスポット」を，二つか三つ紹介してあげてください。お店でも公園でも何でもいいですよ。

入学式翌日あたりのHRで自己紹介をする時間があるとしても，緊張のあまり，お互いその内容をまったく覚えていなかったりします。高校の場合，2～3日くらいのオリエンテーションが終わると，すぐに平常授業が始まります。まだまだ慣れない時期ですので，日々の授業の中にもいわゆるアイスブレーキング，人間関係を構築するための機会をつくりたいものです。学校や生徒たちの雰囲気にもよると思いますが，このような時間があると，安心した様子で楽しそうに話をしています。

T：はい，ここまでにしましょう。どうでしたか？　地元の様子をわかりやすくイメージできましたか？　たぶん楽しくできたとは思いますけど，よほど話が上手な人ならともかく，「聞く」だけというのは，なかなか難しいですよね。では，どういう方法ならわかりやすく「地元紹介」をやれそうですか？

S：やっぱり，テレビみたいに映像を使うとか……。

T：なるほど，それはわかりやすい。つくるのは大変そうですけどね。他には？　最初の時間に話しましたが，どんな「おすすめスポット」が「ここにある」のかを示すのだから……？

S：地図を使う！

T：その通りです。というわけで，次の時間までに「地元を紹介する地図」をつくってきて下さい。宿題です！（A3用紙1枚を配付）

S：えーっ!?

口頭での説明の難しさから「地図」活用の必要性を感じさせ，「地元紹介地図」を宿題として課します。その際に地域の観光用のガイドマップなどを例として示すと良いです。

T：ちなみに，みんなにつくってもらう「地元紹介地図」や観光地によくある観光地図のように，特定の主題（テーマ）について表現した地図を「主題図」といいます。よく見かける，日本の都道府県を色分けして人口密度を示したような地図も，同じく「主題図」です。また，地図には，もう一つ種類があります。スクリーンを見てください。

そう言って地理院地図の画像を4点映し出します。

T：（操作しながら）この地図は，①から④のようにズームイン・アウトを自由に行うこと

ができます。見たことあります？

S：「Google マップ」ですか？

T：皆さんは，そっちを使うことの方が圧倒的に多いでしょうね。これは「地理院地図」と
　いって，あの２万５千分の１や，５万分の１地形図でよく知られる国土地理院がインター
　ネット上で公開しているものです。「Google マップ」もそうですが，ズームイン・アウ
　トを自由にできると，目的に応じた範囲を見ることができて便利ですよね。ざっくりと関
　東地方の形を見るなら①ですし，今回の宿題の範囲なら③か④ということになります。
　「地元紹介」をするのに①の地図を持ってくる人とは，友達になりたくないよね（笑）。で
　は，スマホを出して「地理院地図」上で自宅の周辺を見て，どんな地図を描けばいいのか
　確認してみよう。

①

②

③

④

出典：国土地理院ウェブサイトより

　前述の「主題図」に対して，その場所の正しい位置，地名や道路，鉄道などの基本的な情報
が示されるこれらの地図を「一般図」といいます。「地理院地図」には，航空写真（年代別も）

や，土地利用や災害など様々な情報を重ねて表示すること，距離や面積の測定，断面図の作成，３D表示など様々な機能が備わっており，スクリーン上に示しながら実際に操作してみせると，より興味をもってくれるのではないかと思われます。今回の実践事例は紙地図ですが，３年の選択授業では，これらのツールを用いて加工した「地理院地図」や，「Google Earth」のストリートビュー画像を使って「地元紹介」を試みたこともあります。

2 「地元を紹介する地図」を発表しよう！（第2時…50分）

T：皆さん，「地元を紹介する地図」はつくってきましたか？　今日は，それぞれの地図を４人一組のグループ内で発表してもらいます。１人１～２分の持ち時間でお願いします。

授業時数に余裕がないこともあり，１人ずつ全員の前で発表させることはほとんどありません。回数を増やすことでプレゼンに慣れさせ，時間もタイマーで計り，「１分は，だいたいこのくらい」を身に付けさせたいと思っています。この授業では，生徒間で相互評価をさせました。簡単な評価表をつくり，①地図のわかりやすさ，②「おすすめスポット」など内容の面白さ，③プレゼンの上手さ，の３点をそれぞれ５段階で評価し合計点数を付けて提出してもらい，後の教師による評価と合わせました。

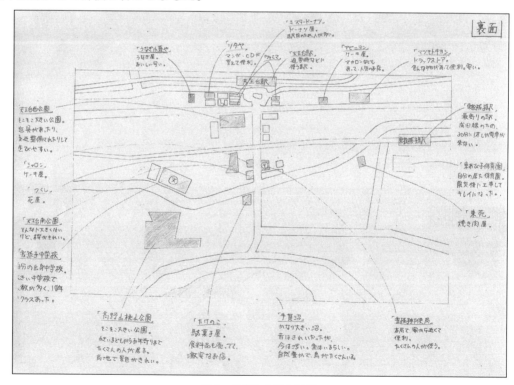

図１　生徒による作品例

T：ところで，皆さんは「Google マップ」をどんなときに使いますか？

S：行きたい場所への道順を調べたいとき。

S：お昼食べるのに，この辺で美味しいお店ないかなって。

T：だいたい，そんな感じですかね。もし，これが2万5千分の1みたいな「一般図」だけだったら，美味しいお店には一生たどり着けないよね。その上に，お店や自分の現在位置を重ねて表示してくれるから便利なんですよ。一昔前だったら，ガイドブックを買わなきゃ得られなかった情報ですね。

S：（「ガイドブックって何だっけ？」という顔をしながら，うなずいている）

T：このように，様々な情報を地図上に重ね合わせて表示し，活用，分析に用いる技術を「地理情報システム（GIS）」といいます。みんなに発表してもらった「地元紹介地図」も，「一般図」に地元情報を重ねたものという意味では，「手づくりのGIS」ともいえますね。さて，よくあるテーマで「コンビニの新店舗を建てる場所はどこが適しているか？」だったら，地図の上にどんな情報を重ねればいいと思う？　周りの人となるべくたくさん出し合ってみよう！

　上の例では，周辺の人口（密度），鉄道駅と乗降客数，主要道路と交通量，既存店の位置，などの情報を重ねることで，経営が成り立ち，かつ他店舗と競合しない場所を見出すことが可能です。また，「行きたい場所への道順」の話ですが，これを表示してもらうためには自分の現在位置，つまり持っているスマホの位置が特定されなければなりません。ここで利用されているのが，全球測位衛星システム（GNSS）です。上空約2万mに打ち上げられ，周回している人工衛星からの電波を受信し，地球上の位置を特定するものです。最もよく耳にするのは，アメリカが開発したGPSですが，他にも日本の「みちびき」，EUのGalileo，ロシアのGLONASSなどが知られています。GNSSによる位置情報の取得は，自動車のカーナビ，航空機や船舶の運航などにも利用され，私たちの生活に不可欠なものとなっています。

5　評価について

　「地元紹介地図」を下表のルーブリックにもとづいて評価し，生徒による相互評価を加味しました。また，小グループ内での発表としましたので，教師側からはプレゼンそのものの評価はしていません。〔思・判・表〕

	一般図としての完成度	主題図としての完成度	オリジナリティー
A	複数のランドマークが示され，道路や鉄道路線などが正確に描かれている。	4カ所以上の多くの「おすすめスポット」が，その説明とともに記載されている。	自分で撮影した写真を添付したり，鳥瞰図的に描いたりして工夫をこらしている。
B	ランドマークが示され，道路や鉄道路線などがある程度正確に描かれている。	2〜3カ所の「おすすめスポット」が，その説明とともに記載されている。	着色やイラストなどを用いてわかりやすく描かれている。
C	B評価に達していない		

シミュレーション「貿易ゲーム」

　1980年代にイギリスの開発 NGO である「クリスチャン・エイド」が，世界経済における商品生産や貿易を疑似体験することにより，南北格差など様々な問題を理解することを目的として作成し，日本においても多くの報告がなされている代表的なシミュレーション教材です。私自身も，これまでに何度か実践し生徒たちが生き生きと活動する様子を見て，その効果の大きさを実感しています。「地理総合」でいえば，大項目Bの後半「(2)地球的課題と国際協力」の導入か，まとめにおける実施が効果的ではないかと思われます。

　ゲームの内容は，「各国（グループ）が，持てる資源（紙）と技術（ハサミ，定規などの道具），お金（私の場合は，数種類のシール）を使って商品（紙を四角や丸，三角など決められた形とサイズに切り抜いたもの）を生産し，築いた富の大きさを競う」という比較的単純なものです。ただし，現実の世界を反映して，各グループに（封筒に入れて）配付される紙や道具の数や種類，お金には明らかな差が付けられています。私の場合は，①資源に恵まれた先進国（全部ある），②資源のない先進国（道具とお金），③資源には恵まれた途上国（紙と少しのお金），④何もない途上国（借金の請求書だけが入っている），⑤中間的な国をそれぞれ2つずつ，10グループ程度に分けて行っています。

　「皆さんの手元にある紙と道具を使って，商品を生産しましょう。できたものを世界銀行（2人くらいの生徒に担当してもらいます）に持ち込むとお金に換えてくれます。最終的な保有金額が大きいグループの勝ちです。では，スタート！」程度の説明だけで始めると，途方に暮れる国々が出てきます。「どうすればいいんですか？」と言われても，「頭使ってね」，「他の国と話をしてみれば？」くらいにとどめます。そのうちに生徒たちは，交渉して道具を貸し借りしたり，紙と道具を交換したりしながら生産をすすめていきます。他の国に，労働力として「移民」する生徒たちも出てきます。

　ゲーム時間は30分程度の設定ですが，様子を見て様々なアレンジを加えます。例えば，①商品価格の変動（特定商品の価格の暴落，高騰），②レアメタルなどを想定した情報格差（途上国には何も知らせず，封筒に「大変よくできましたシール」などを入れておき，一部の先進国だけに「そのシールを貼った商品の価格が10倍になる」とささやく），③新たな資源の発見（特定の国に紙を投下する），④感染症の発生（一定の時間，一定数の労働力を廊下に「隔離」する）などですが，発表のたびに右往左往する生徒たちを見るのは楽しいものです。

　時間が来たところで保有金額を確認，順位を発表しますが，必ずしも条件に恵まれた国が勝つというわけではない，ということも興味深いところです。つづいて途中に加えたアレンジについての説明をし，生徒たちにはゲームの感想や，もう一度やるとしたらどんな行動を取るか，新たなアレンジのアイディアなどについて書いてもらい，この時間を終えます。

第2章

国際理解と国際協力

世界の大地形は，人々の生活文化に どのような影響を与えているのだろうか？

1 本単元の主題とねらい

> 世界の大地形は，人々の生活文化にどのような影響を与えているのだろうか？

　人類は，その歴史の始まりから環境に影響され，その制約を受けながら生活をしてきました。そのことと同時に，人々の暮らしが環境に影響を与え，環境そのものを改変してきたという側面もみられます。環境には，自然的なものと社会的なものがありますが，とくに自然環境については自明のもの，「すでにそこにあるもの」と思われがちです。しかし，例えば大陸や山脈など大地形についていえば，その形，高さや連なりが，今このような姿で存在することには科学的な理由があり，人々の生活にも少なからぬ影響を与えています。

　他方で，これら自然地理分野の授業における生徒たちの様子を見ていると，山脈などの地形名をそれぞれ何の関連もなく，ただただ暗記しなければならないと思い込み，苦手意識をもつことが多いようにも感じます。本単元では，地上に見えている部分だけではなく，「海底地形図」を用いて地球全体の「シワの寄り方」を眺め，世界の大地形をプレートの動きによって形成された総体として認識させたいと思います。また，それぞれの代表的な地形における人々の暮らしについては，生徒たちにとってお馴染みのテレビアニメの世界に見ることができます。

2 各時間の問い

第1時

・世界の大地形の特徴とはどのようなものだろうか？〜世界で一番「長い」山は？

第2時

・地形の違いによって人々の暮らし方はどう変わるのだろうか？〜ハイジとショーン，住む場所と暮らしの違いは？

3 単元の指導計画

時	ねらい	学習活動	教師の指導（＊評価）
	主題　世界の大地形は，人々の生活文化にどのような影響を与えているのだろうか？		
	問い　世界の大地形の特徴とはどのようなものだろうか？		
1	海底を含む地球全体の地形を概観し，今ある大地形が地球規模のプレートの動きによって形成されてきたことを理解させる。	・世界で一番「長い」山についてグループで考え，答えを出す。 ・「海底地形図」を見て気付いたことをあげてみる。 ・プレートテクトニクスの考え方や，プレート境界における三つの形とその具体例，さらに人々の生活に与える影響について理解する。 ・日本周辺のプレート分布の特徴について読み取り，そのリスクについて考える。	・「海底地形図」についての発言を促し，その中から問いの答えを導き出す。 ・プレートテクトニクス，その境界における三つの形と具体例，人々の生活に与える影響について説明する。 ・日本周辺のプレート分布図を示し，日本における大地震のリスクについて確認する。 ＊地球規模のプレートの動きによって形成された世界の大地形，人々の生活への影響について理解している。
	問い　地形の違いによって人々の暮らし方はどう変わるのだろうか？		
2	大地形を形成する変動帯と安定地域における地形の特徴と，人々の暮らしについて理解させる。	・テレビアニメ『アルプスの少女ハイジ』『ひつじのショーン』の一部を視聴して，気付いたことをあげてみる。 ・二つのアニメを比較しながら，変動帯と安定地域における地形と人々の暮らしの特徴について理解する。	・二つのアニメを比較させながら，変動帯と安定地域における地形と人々の暮らしの特徴について説明する。 ＊大地形を形成する変動帯と安定地域における地形の特徴と，人々の暮らしについて説明できる。

4 授業展開（1・2時）

1 世界で一番「長い」山は？（第1時…45分）

　Ｔ：はじめから簡単な質問で申し訳ないんですが，日本で一番高い山は？

S：富士山！

T：では，世界で一番高い山は？

S：エベレスト……ですよね……？

T：おー，素晴らしい！　さてそれでは，世界で一番「長い」山は？

S：長い……？　長いって，どういう意味ですか？

T：そのとおりの意味ですよ。地図帳を見て，周りと相談して考えてごらん。

S：（生徒同士相談をして）やっぱりアンデス山脈か，ロッキー山脈あたりじゃないですか？

T：そうですね，見えているところだったら，アンデス山脈なのかな。「見えていれば」，ね。

　上記のやり取りのようにまずは身近な国内の事例をもとに，続いて世界の山について尋ねます。生徒たちは，小学校・中学校での既習事項から聞きなれない「長い山」という質問に困惑しつつも，地図帳を見たまま答えてくることが予想されます。そこで，「見えていれば」というヒントと海底地形図の資料（図1）を示すことで，世界の大地形を総体として認識させていきます。

T：この画像は，地上に加えて海底の地形も表現した世界地図です。こう見ると，海底も平らではないんだね。ここ，大西洋の真ん中あたりを見てください。高いところが山脈のように続いていますね。地図帳で調べてみて。

S：大西洋中央かい……？

T：「海嶺（かいれい）」と読みます。海嶺とは，海底の山脈のことです。大西洋中央海嶺は，高いところでは，そのふもとから3000m以上もの標高があるそうです。そして，この「長さ」を見てください。大西洋の北から南まで，約1万8000kmもあります。アンデス山脈が8000km弱だから……世界で一番「長い」山は？

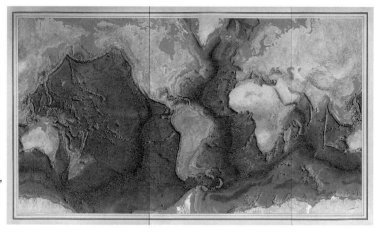

図1　「海底地形図」米国会図書館HPより

Berann, Heinrich C, Bruce C Heezen, and Marie Tharp. Manuscript painting of Heezen-Tharp "World ocean floor" map by Berann. [?, 1977] Map. https://www.loc.gov/item/2010586277/.

S：えーっ！？

　1900年代の初めに，ドイツ人の気象学者ウェゲナーは，大西洋両岸の海岸線が類似していることなどから，世界の大陸はそれぞれの分裂や移動により形成されたとする「大陸移動説」を唱えましたが，科学的な根拠を示すことができなかったため，当時は支持を得ることができま

せんでした。戦後，1960年代後半にアメリカの大学の研究チームが，軍の探査技術を用いて海底地形の調査を行った結果，グリーンランド北部からアフリカ南端にわたる長大な海底山脈である大西洋中央海嶺をはじめとする世界各地の海嶺や，太平洋を取り囲む海溝の存在が明らかになりました。

　Ｔ：地図をよく見ると，他の場所にも海嶺や，逆に溝のようなところがあるのもわかりますよね。この，溝のようなところはなんと言うんだっけ？

　Ｓ：海溝です。

　Ｔ：そうです。とくに日本列島の太平洋側に大きいものがありますね。さて，教科書や地図帳に世界の地震や火山の分布を示した地図があるんですが，それとこの海底地形図を比べてみてください。どんなことがいえますか？

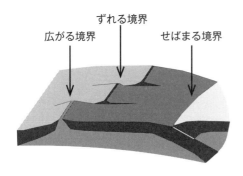

図2　プレートの動きと境界
「プレートテクトニクス・プレートの動きと境界（図）」（地震調査研究推進本部）
（https://www.jishin.go.jp/main/yogo/e.htm）を参考に作成

　海嶺と海溝の周辺では地震や火山の噴火が多発していることなどから，海嶺付近では地球の内部からわき出る物質が海底を押し上げ，その両側へ向かって海底の岩盤が移動していること（＝「広がる境界」），海溝付近では地球内部へ岩盤が引きずり込まれ消失していること（＝「せばまる境界」），場所によっては2つの岩盤がすれ違うように移動していること（＝「ずれる境界」）などが明らかになってきました（図2）。

　以上のことから地球表面は，このような動きをする十数枚の岩盤（＝プレート）に覆われ，現在の陸地が形成されてきたと考えられており，これを「プレートテクトニクス理論」とよびます。このような内容は，話だけではなかなか伝わらない部分もありますので，資料集や画像を投影して，ヒマラヤなど大山脈（「せばまる境界」）の褶曲の様子（「9000m 近い山の地層に貝の化石が！」），東アフリカ大地溝帯（「広がる境界」）やサンアンドレアス断層（「ずれる境界」）のダイナミックな景観などを見せながら説明できると，よりイメージしやすいのではないかと思います。

　Ｔ：さて，最後にこの図（図3）を見てください。これ，ある意味ではけっこうコワい図なんですが，ここからどんなことがわかりますか？

　Ｓ：日本は4枚のプレートに乗っかっている？

　Ｔ：そうですね。そして，さっき学んだことから，プレートの境目ではどういったことが起

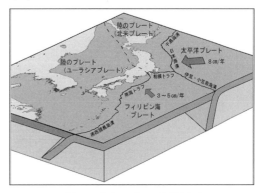

図3　日本のプレート分布図
出典：気象庁ホームページ（https://www.data.jma.go.jp/svd/eqev/data/jishin/about_eq.html）「日本付近のプレートの模式図」（気象庁ホームページより）

きるのでしたっけ？

S：地震や，火山の噴火が多くなります。

T：で，繰り返しますが4枚が互いに重なり合っているわけですから……？

S：とても多いと……。はあ……。

T：今こうしている瞬間にも来るかもしれないのだから，備えておくことが必要ですよね。

　日本列島は，面積でいえば世界の0.1％に過ぎませんが，そこから放出される地震のエネルギーは地球全体の約1割にも及ぶ「地震の巣」でもあります。2011年の東北太平洋沖地震（東日本大震災）を引き起こしたのは，日本列島の下にもぐり込む太平洋プレートの圧力でした。また，巨大なプレート同士が互いに圧力をかけ続けることでプレートの各所にひび割れが生じますが，簡単にいえばこれが活断層です。プレートのずれによる地震は広い範囲に被害を与えますが，活断層が動くことによって生じる地震は人々の生活の場である街の直下で発生しますので，比較的狭い範囲に大きな被害をもたらします。1995年の兵庫県南部地震（阪神・淡路大震災）がこれにあたります。第3章においても扱う内容ですが，決して遠くない将来，首都直下地震や南海トラフ巨大地震の発生が予想される中で，世界の大地形における日本の位置とそのリスクについて正確な知識をもつことは必須といえます。

2 ハイジとショーン，住む場所と暮らしの違いは？ （第2時…45分）

　前回の復習から，日本に地震や火山が多いのは「たまたま」ではなく，いくつかのプレートが重なり合っているからという科学的な理由があり，また，そのことが我々の生活の在り方にも大きな影響を与えているということを確認しました。他国の例として，国土のほぼ真ん中をプレート境界が通るアイスランドを紹介します。大西洋北部のアイスランドは，大西洋中央海嶺上，北米プレートとユーラシアプレートの境界上にあります。同じプレート上にその一部が位置する日本とは，火山がつくる美しい景観や温泉などを楽しめるといった共通点があります。

T：今日はもう少し，地形と人々の生活がどう関わっているか，という話をしていきますが，
　その前に，みんなにもお馴染みのアニメを見てもらいましょう。

S：やったー！（かなり喜んでいる）

T：まずは，これ（『アルプスの少女ハイジ』のオープニング映像を流す）。

S：なつかしー！（かなり喜んでいる）

T：景色とか，生活の様子とかもちゃんと見ておいてね！（これを言っておかないと，ただ
　喜んで終わります）

　『アルプスの少女ハイジ』は，スイスとリヒテンシュタインの国境近くの町，マイエンフェルト近郊にあるアルプス山麓の村を舞台に描かれています。アルプスやヒマラヤなどの大山脈，日本列島などが位置するプレート境界付近は，「変動帯」とよばれ，現在も地殻の変動や地震活動が活発です。オープニング映像には，切り立った山々や氷河による侵食を受けた谷などが登場します。また，ハイジの友達であるペーター少年は，雪の降らない季節にふもとの村から

山羊を集めて山の牧場に連れて行く，「移牧」とよばれる農業形態の一部を仕事としています。このような景観と人々の暮らしは，高山を形成する「変動帯」ならではのものです。

　続いて，『ひつじのショーン』を視聴します。「ショーン」の舞台は，このアニメが製作されたイギリスの農村部で，背景にはなだらかな丘陵地帯が延々と続いています。プレート境界から遠く離れた「安定地域」においては，地震や地殻変動は不活発であり，山々は長い年月をかけて雨風に削られ，低山や丘陵，あるいは平原となっています。「ショーン」の舞台がそうであるように，アルプスをのぞくヨーロッパでは，このような地形を利用して小麦や果樹の栽培，家畜の飼育などが行われてきました。

　今回は，主にヨーロッパ地域の地形と農業の形態をとおして「変動帯」と「安定地域」を比較しましたが，時間に余裕があれば，それぞれの地域において産出される鉱産資源の特徴などにもふれておくと，後の単元の学習につながると思われます。

5 評価について

　本時の学習内容を一定の文字数内でまとめ，表現する力を伸ばすために200字程度のミニ・レポートを課しました。テーマは，教科書や地図帳中の世界地図，「地震と火山の分布」「プレートの分布」「造山帯（変動帯と安定地域）の分布」の３枚から導き出されることについてまとめる，としました。こういった課題に慣れない生徒は，地図について１枚ずつ順番に説明をしようとします。下表のとおり，「３枚を重ねてみたときに何がわかるのか」（GISでいうレイヤー）を意識して書かれているものに高得点を与えます。A評価の例を下に示します。〔思・判・表〕

評価の段階	評価の基準
A：十分満足できる	200前後の字数で，３つの図を総合的に説明できている。
B：おおむね満足できる	200前後の字数で内容も十分だが，３つの図を別々に説明している。
C：努力を要する	３つの図のそれぞれを単文で説明し，字数が100に満たない。

【解答例】アルプス山脈やヒマラヤ山脈など世界有数の高山は，プレートとプレートの境界付近である変動帯（新期造山帯）に分布しており，火山噴火や地震が多発している。一方，アフリカ大陸やユーラシア大陸北部，太平洋岸を除く南北アメリカ大陸など，安定地域（安定陸塊や古期造山帯）とよばれる場所は，プレート境界から離れたところにあるため地殻の変動がほとんどなく，降水や風による侵食を受けなだらかな地形となっている。

(195字)

2 世界の気候は，人々の生活文化にどのような影響を与えているのだろうか？

1 本単元の主題とねらい

世界の気候は，人々の生活文化にどのような影響を与えているのだろうか？

　気候は，雨や雪などの降水，気温や風などの気候要素で表され，世界各地には，様々な気候が分布しています。人々の食生活や住居，服装などには，気候の影響を受けながら形成されてきたものが多く見られ，テレビ番組などをとおしてその地域的な違いを知ることは，誰にとっても興味深く感じられるものだと思います。一方で，「なぜ各地には様々な気候が分布しているのだろう？」ということになると，前節の大地形と同じように「すでにそのようにできている」という思いが強く，気候区分図の暗記にとどまっている生徒も多く見られます。しかし，気候分布の在り方は決して偶然によるものではなく，その地域が位置する緯度や標高，海陸分布などの気候因子によって科学的に説明できるものです。さらに，各地で頻発する異常気象など地球規模の環境問題について考える際には，気候分布を完結した一つのシステムとして捉えることが不可欠です。ここでは，ペンギンの生態をとおして，世界の気候分布の大枠を形成している「大気の大循環」について理解させるまでの授業の流れについて紹介したいと思います。

2 各時間の問い

第1時
・世界の気候分布はどのように形成されているのだろうか？①〜ペンギンはなぜ南半球にしかいないのか？

第2時
・世界の気候分布はどのように形成されているのだろうか？②〜風はなぜ起こるのか？

第3時
・気候の違いによって人々の暮らし方はどう変わるのだろうか？〜フォトランゲージで考えてみよう！

3 単元の指導計画

時	ねらい	学習活動	教師の指導（＊評価）
	問い 世界の気候分布はどのように形成されているのだろうか？①		
1	ペンギンの生態に関する問いから，世界各地の海流の分布やその向きについて理解させる。 海流は，風によって発生していることを理解させる。	・問い「ペンギンはなぜ南半球にしかいないのか？」についてグループで考え，答えを出す。 ・世界各地の海流の分布やその向きについて理解する。 ・問い「海流はなぜ起こるのか？」についてグループで考え，答えを出す。 ・海流は，風によって発生していることを理解する。	・世界各地の海流の分布やその向きについて説明する。 ＊世界各地の海流の分布やその向きについて理解している。 ・海流は，風によって発生していることを説明する。
	問い 世界の気候分布はどのように形成されているのだろうか？②		
2	風は気圧の差によって発生すること，海流を発生させている風（恒常風）は地球規模の気圧帯の分布によるものであること（大気の大循環）を理解させる。	・問い「風はなぜ起こるのか？」について考える。 ・風は気圧の差によって発生すること，気圧帯を形成している大気の大循環について理解する。	・海陸風などの身近な例から問いの答えを説明する。 ・大気の大循環について説明する。 ＊大気の大循環について理解している。
	主題 世界の気候は，人々の生活文化にどのような影響を与えているのだろうか？		
	問い 気候の違いによって人々の暮らし方はどう変わるのだろうか？		
3	世界の気候やその分布が人々の生活文化に与える影響について考察させる。	・世界各地の衣食住に関する写真を観察し，その背景にある気候について考察する（フォトランゲージ）。	・写真を観察し，気付いたことを自由に出し合うように促す。 ・前時の内容と気候分布図を対照させる。 ・観察した写真と気候分布図を対照し，その関係を考察させる。 ＊写真から読み取れたことと気候との関連性を考察し，表現できている。

4 授業展開（1・2時）

1 ペンギンはなぜ南半球にしかいないのか？（第1時…35分）

世界の気候分布の理解への足がかりとして，ペンギンの生態に関する問いを取り上げます。

T：今日は，私の秘蔵コレクションを紹介します
ね（「ペンギンのフィギュア（図1）」を並べ
る）。ペンギンって本当にかわいいよね。私は，
一日中眺めていても飽きません。ところで，ペ
ンギンはどんなところで生活していますか？

図1　ペンギンのフィギュア

S：寒いところ？　南極とか？

T：そういうイメージ？　ということは，北極に
もいる？

S：いますよね……？　あれ？
いなかったっけ？

T：ペンギンの生息地は，図2に
あるとおりです。北極にはいま
せんねえ。これらに共通するこ
とは何ですか？

S：南半球？

T：その通り。ペンギンは南半球
にしかいません。それは，なぜ
なんでしょう？　グループで話
し合って，答えを出してくださ

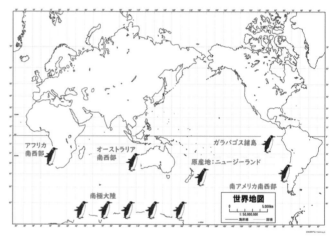

図2　ペンギンの生息地

い。教科書や地図帳を見てもいいですよ。あと，ヒントをひとつ。ペンギンの原産地は，
ニュージーランドです。（しばらく時間をとって）……さて，そろそろいかがですか？
思いついたことを，あげてみてください。

S：北半球には，エサがない？　　　　T：ありますねえ。

S：南半球には，天敵がいないのでは？　　T：いますよ。アザラシとか，シャチとか。

S：北半球までたどり着く体力がなかった！

T：ペンギンは陸上ではぎこちないけど，泳ぎは得意です。ジェンツーペンギンは，陸上の
100m走選手並みのタイムで泳げます。

S：む〜……。

T：原産地のニュージーランドから他の土地へ泳いで移動するときに，彼らは何を利用した
んでしょうね？　ヒントになりそうな地図を，教科書や地図帳から探してみましょう。

Ｓ：もしかして，海流？

　ペンギンの主なエサとなるオキアミなどの動物プランクトンは，冷たい海水に多く発生します。ペンギンはエサを求めて，周囲よりも水温が低い海水，つまり「寒流」がその沿岸に流れている地域に生息するようになり，具体的には，原産地ニュージーランド→南極→南アメリカ西岸→アフリカ西岸→オーストラリア西岸というルートで移動をしてきました。海流の地図（図３）と図２を比べて確認させます。

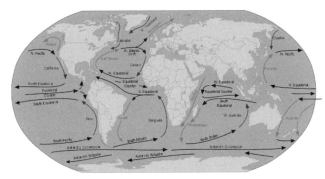

図３　世界の海流
出典 Wikipedia Commons:Corrientes-oceanicas-en.svg

　ペンギンは南極など極寒の地だけでなく，エサが発生する条件さえあればガラパゴス諸島など赤道直下にも生息しています。生息地自体の気温は関係ありません。その後，高温の赤道付近で温められた海水は，暖流となって高緯度地方へ流れ，寒流は消失してしまうため，ペンギンはエサ場のない赤道周辺の海域を越えて北半球へ移動することができませんでした。これが問いの答えとなります。

2 海流はなぜ起こるのか？（第１時…10分）

　Ｔ：ではもう一つ聞きますが，海流はなぜ起こり，どのように発生しているんでしょう？周りの人と相談してみましょう。……いかがですか？

　Ｓ：魚の群れがグルグル回っているから？

　Ｔ：みんなが小学校のプールの時間にやった「人間洗濯機」みたいな？　違いますね……。海底に住む小人たちが，「よいしょ，よいしょ」とか言いながらハンドルを回していたらかわいいんですけどね（笑）。そんなに楽しい話でもないんですよ。教科書や資料集で，海流の地図の近くにあるヒントになりそうな地図を探してみて。

　Ｓ：もしかして，風？

　Ｔ：その通りです！　では風はどのようにして起こるんでしょうね？　それは次の時間に。

　生徒たちは「気候」というと「ケッペンの気候区分図」やそれぞれの気候区の特徴を丸暗記しようとしてしまいます。本時の「ペンギンの移動ルート」をイメージしながら海流の向きなどをおさえておくと，次の時間に扱う「大気の大循環」の理解につながります。

3 風はなぜ起こるのか？（第２時…45分）

　Ｔ：私事ですが，初めて勤務したのは南の方にある海沿いの町の学校だったんです。温暖な場所だから，何と真冬でも教室にストーブがなかったんですよ。

　Ｓ：えーっ！

　Ｔ：そしてね，夏は意外と涼しいので，一人暮らしの私は結局エアコンを買わずに済みました。南にある温暖な海沿いの町の夏が過ごしやすいのは，なぜだと思いますか？

真夏の海に遊びに行ったとしましょう。昼間の砂浜の温度は60℃くらいまで上がることもあり、裸足で飛び出せば火傷しかねません。その足を海水に浸ければ当然冷たく感じられます。図４にあるように、昼間に高温となる陸では地表面の空気が温められ上昇していきますが、この状態を低気圧（空気が足りない）といいます。すると、陸に向かって足りている海側から空気が移動します。この空気の移動が、「風」です。海沿いの町では、昼から夕方にかけて海から風（海風）が吹いてきて、かなり暑さが和らぎます。余程のことがなければ、「熱帯夜」にもなりませんでした（最近は、そうもいかないのだろうなとは思いますが）。

　夜になると、地表面の温度が急激に下がり相対的に海の方が低気圧状態となるため、逆に陸から海に向かって風（陸風）が吹くことになります。この現象は、熱しやすく冷めやすい（比熱：物質の温度を上げるのに必要なエネルギー、が小さい）砂や土からなる陸と、安定し比熱が大きい水からなる海との性質の違いによるものですが、ここで述べた昼夜の温度差だけではなく、季節の違いによっても発生します。日本付近では夏と冬で季節風（モンスーン）の向きが逆転しますが、ここから、ユ

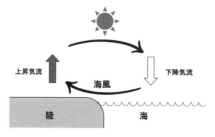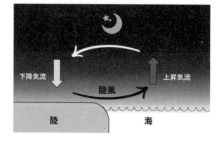

図４　海陸風

ーラシア大陸と太平洋の間にまったく同じ関係があることがわかります。

　Ｔ：高気圧（空気が足りているところ）から低気圧（足りていないところ）へ向かう空気の移動のことを「風」という、わかってもらえましたか？

　Ｓ：はーい（「たぶん……」という顔をしている）。

　Ｔ：海流が風によるものというところからこの話は始まっていますが、海流って昼夜や季節によって向きが逆転したりしますか？

　Ｓ：いや、さすがにしてないと思いますけど……。

　Ｔ：そうですよね。逆転したら大変なことになりそうですね。海流を起こす風は、基本的に変わることのない太陽と地球の位置関係によるものですので、昼夜や季節によってその向きが変わることはありません。これを「恒常風」といいます。このあたりのことが理屈でわかるようになると、「世界の気候分布」のような図を丸暗記する必要がなくなります。

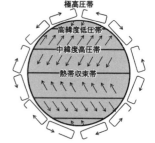

図５　大気の大循環
出典：Wikimedia Commons, CC BY-SA, を参考に編集部作成

　少し長くなりますが、「地理」の学習だけでなく、日常的に天気予報や異常気象のニュースなどを見る上でも理解していることが重要だと思われる内容ですので、図５を板書しながら丁寧に説

明します。地球上で太陽からの熱を最も多く受ける赤道付近では，温められた地表面の空気が常に上昇することで低気圧状態（熱帯収束帯，赤道低圧帯ともいう）となり，雲が発生し雨が多くなります。一方で，南北両極付近では受けられる熱が少ないため空気の上昇は起こらず，常に冷たい空気におおわれ高気圧状態（極高圧帯）となります。赤道付近で雨を降らせた空気は冷やされ重くなり，南北20〜30度付近の地表面に降りてきます。この地域では，常に上空から空気が下降し高気圧状態（中緯度高圧帯）となり，雲も発生せず乾燥します。このためにこの地域には，砂漠が並ぶように位置しています。また，この空気は南北60度付近で極地方の冷たい空気とぶつかる際に上昇し，低気圧状態（高緯度低圧帯）をつくります。

さて，このような気圧の配置から，地球上ではどのような風が発生しているのでしょうか。一つは，中緯度高圧帯から赤道低圧帯に向かって，北半球では北から南へ（南半球では逆，以下同じ）吹く風で，大航海時代以降の商人たちがこれを利用していたことから，貿易風とよばれます。ただし，地球の自転の影響による「転向力」（詳しい説明は省略します）が，風の進行方向に向かって北半球では右寄りに働くため，北東から南西への向きになります（南半球では逆，以下同じ）。二つ目は，中緯度高圧帯から高緯度低圧帯に向かって，北半球では南から北へ吹く，我々にとっては天気の変化や黄砂の飛来，航空機の往・復路の時間差などでおなじみの偏西風，三つ目が，極高圧帯から高緯度低圧帯に向かって吹く極東風です。

以上のように，世界各地の気候を地域ごとそれぞれに暗記するのではなく，生徒たちにとって身近な例をあげながら，地球全体の気候分布を一つのシステムとして理解してもらい，後々も「使える」知識として定着させたいと思います。

5 評価について

3時間目には，まとめの活動として「フォトランゲージ」を行います。4人程度の班にそれぞれ異なる地域の衣食住を示す写真の拡大コピー（例：図6）を配付します。生徒たちには自由に観察し，気付いたことを付箋に書き出し，写真の中から読み取れたことを根拠として，その場所がどのような気候区に位置しているのかを説明できるように準備をし，班ごとに前に出て発表してもらいます。発表内容について，以下の3段階により評価を行います。〔思・判・表〕

図6　高床式住居

評価の段階	評価の基準
A：十分満足できる	写真からの情報に加え，もっている知識を活用して多面的に気候区の判断ができている。
B：おおむね満足できる	写真からの情報をもとに気候区の判断ができている。
C：努力を要する	写真からの情報を適切に読み取れておらず，気候区の判断もできていない。

自然環境は，人々の生活文化に どのような影響を与えているのだろうか？

1 本単元の主題とねらい

> 自然環境は，人々の生活文化にどのような影響を与えているのだろうか？

　ここからしばらくは，具体的な地域の特色ある生活文化を様々な地理的環境との関わりから考察する，という単元が続きます。学習指導要領の解説には，中学校の地理学習や「地理探究」における「現代世界の諸地域」など，いわゆる地誌学習と重複しないように留意する，とあります。本単元においては，修学旅行や短期の語学研修の行先として生徒たちにも馴染みのあるオーストラリアを取り上げます。熱帯から温帯にまたがって位置する広大な国土は多様な景観や動植物などに恵まれ，一回の旅行であっても数か国を訪れたかのような体験をすることができます。他にも多くの特色をもつ国ですが，世界各地から多くの人々が訪れる「観光立国」としての姿について，地形や気候など自然環境との関わりから捉えていきます。

　どの単元でも同様ですが，とくに，行ったことも見たこともない諸外国の生活文化については，画像や映像などを用いて具体的なイメージをもたせるための工夫をしたいものです。ネット上で使えそうな素材を見つけることはそう難しくありませんが，やはり授業者自身が現地で入手したモノを使うこと以上に説得力が増すことはないでしょう。私自身，何十カ国を訪れたというような達人ではありませんが，数少ない海外経験の中でも，国内でも，「授業映え」のする写真ばかり撮ろうとする癖が付いてしまいました。

2 各時間の問い

第1時
・オーストラリアの観光資源にはどのようなものがあるだろうか？〜あこがれのオーストラリア旅行，何を見に行く？

第2時
・オーストラリアの自然環境は人々の生活文化にどのような影響を与えているだろうか？
　〜オーストラリアで過ごす夏休み，何を着て行く？

3 単元の指導計画

時	ねらい	学習活動	教師の指導（＊評価）
1	**問い** オーストラリアの観光資源にはどのようなものがあるだろうか？		
	オーストラリア観光の見所を共有し，他地域には見られない観光資源について確認する。	・「あこがれのオーストラリア旅行，何を見に行く？」をテーマにオーストラリア観光の見所についてグループで出し合い，共有する。 ・写真に関する問いについて考え，発表する。 ・担当ごとに集まり，相談しながら課題について見通しをつける。	・自身の旅行の際に撮影した各地の写真を見せながら，発問，解説をする。 ・オーストラリア各地の自然環境について担当を決め，調べてくるよう指示する。

主題
自然環境は，人々の生活文化にどのような影響を与えているのだろうか？

時	ねらい	学習活動	教師の指導（＊評価）
2	**問い** オーストラリアの自然環境は，人々の生活文化にどのような影響を与えているだろうか？		
	調べ学習の結果を共有し，オーストラリアの希有な観光資源が，地形や気候などの自然環境によってもたらされていることに気付かせる。	・グループごとに調べてきたことを発表し合い，共有する。	・１人３分ずつの持ち時間で，調べてきたことを発表し合うように指示する。 ＊調べてきたことをワークシートにわかりやすくまとめ，発表することができている。 ・オーストラリアの観光資源が，どのような自然環境によってもたらされているのか，あらためてまとめる。 ＊地形や気候など，オーストラリアの自然環境について理解している。

4 授業展開 (1・2時)

1 あこがれのオーストラリア旅行，何を見に行く？ （第1時…50分）

授業者自身が撮影した画像をもとに，生徒たちとやり取りをしながらオーストラリア観光の魅力を共有し，その土台となっている自然環境についての調べ学習につなげます。

T：今日は，本校の短期語学研修や姉妹校との交流（国際関係の学科があることもあって盛んに行われています）でもお馴染みの，あの国についてとりあげますね。

S：オーストラリアですね！

T：そうです。ここには，短期研修に行った人いましたっけ？（何人か手をあげたりする）とはいえ，行ったことがなくても情報の多い国ではありますよね。さて，オーストラリア旅行の見所にはどんなものがあるでしょう？　周りの人と出し合ってみてください。

S：（「エアーズロック？」「コアラ？」「きれいな海？」……生徒にとってテレビや雑誌で既に知っていることから次々に上がる）

T：私も何年か前に行ったんですけど，本当に見るべきものがたくさんある国ですよね。前のスクリーンを見てください。私が旅行したルートは，地図のとおり，東側半分を一周した感じです（図1）。

はじめはケアンズ，オーストラリア観光の玄関口のようなところです（図2）。あ，この後の課題にも関係するので，空の色や植物の様子なんかを注意して見ておいてくださいね。次はカカドゥというところ，時間を忘れそうな景色でした（図3）。ここで質問！　これは何でしょう？（図4）

S：（「え，何？　何？」とざわつく）

T：では，ヒントを一つ。自然物ではありません。何らかの目的があって，何モノかが「つくった」ものです。

S：人間が，ですか？　　T：人間じゃないです。

図2　ケアンズ

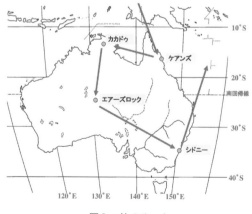

図1　旅のルート

図3　カカドゥ

S：いったい，ナニモノ？

答えは「蟻塚」，シロアリがつくった巣です。シロアリの「高層マンション」のようなもの
でしょうか。この後は，ウルル（エアーズロック）からシドニーの様子（図5，6）を紹介し
て，課題を提示します。

図4　蟻塚

図5　ウルル

図6　シドニー市街

T：さて，お見せしてきた私のオーストラリア旅行ですけど，夏休み中の8月中旬に行って
　　きたんです。私はこの旅行のときどんな服を着ていた，用意していったと思いますか？

S：8月だから，家を出るときはTシャツとかですよね……。

T：そうですね，空港と機内まではね。では，訪れた4つの場所ではどんな服装だったか
　　な？　今から担当を決めますから，その場所の気候やその他の自然条件を調べ，どんな服
　　装を用意したらよかったのかを考えてください。さらに，見所についても調べてください
　　ね。次の時間の最初に発表してもらいますよ。では，4人グループをつくって！

　グループの中で4つの場所の担当を決めさせた後，教室を前後左右4か所に分け，同じ場所
を調べる生徒同士（いわゆる，エキスパートグループ）が集まって相談できるようします。ケ
アンズ，カカドゥ，ウルル，シドニーそれぞれについてのミニ・レポート用紙（図7）を配布
し，次回までに完成させて，自分以外のコピーを3人分取ってくるように指示します。

　引き続き時間があれば，下調べの時間を取ります。学校によって事情は様々であると思いま
すが，本校の所持率は100％といっていい状況にありますので，私は教室内でスマホを使って
調べさせています（原稿執筆時点では，公立高校の物理的環境は未整備な部分が多くWi-Fiが
使えないため，生徒自身のスマホのモバイル通信に頼っています）。

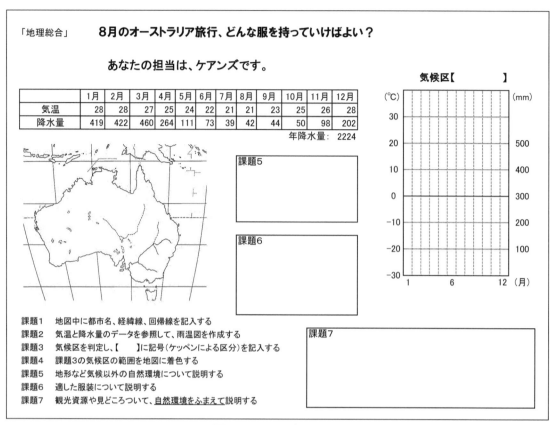

「地理総合」　　**8月のオーストラリア旅行、どんな服を持っていけばよい？**

あなたの担当は、ケアンズです。

気候区【　　　　】

	1月	2月	3月	4月	5月	6月	7月	8月	9月	10月	11月	12月
気温	28	28	27	25	24	22	21	21	23	25	26	28
降水量	419	422	460	264	111	73	39	42	44	50	98	202

年降水量：2224

課題5

課題6

課題7

課題1　地図中に都市名、経緯線、回帰線を記入する
課題2　気温と降水量のデータを参照して、雨温図を作成する
課題3　気候区を判定し、【　　】に記号（ケッペンによる区分）を記入する
課題4　課題3の気候区の範囲を地図に着色する
課題5　地形など気候以外の自然環境について説明する
課題6　適した服装について説明する
課題7　観光資源や見どころついて、自然環境をふまえて説明する

図7　ミニ・レポート用紙

2 オーストラリアで過ごす夏休み，何を着て行く？（第2時…50分）

T：皆さん，レポートのコピーは取ってきてくれましたか？　大学など上級学校に進学する
　と，ゼミナール形式の授業でレポーターを割り当てられて，「コピーを人数分用意するよ
　うに」と指示されることがよくあります。練習というわけではないけれど，忘れるとその
　時間の授業ができなくなってしまうので，こんなことにも慣れておきましょうね。では，
　前回の4人グループになってお互いのレポートを交換しましょう。

　レポートを基に，それぞれのグループの中で，ケアンズ→カカドゥ→ウルル→シドニーの順
番で担当の人からまとめてきたことをプレゼンしてもらいます。その土地の魅力が伝わるよう，
棒読みにならない，目線をあげる，など発表スキルもここで指導します。持ち時間は1人3分
くらいがちょうどいいです。

　オーストラリアには，その広大な国土ゆえに様々な気候が分布しています。中緯度高圧帯に
属する中央部はほとんどが砂漠など乾燥帯，赤道に近い北部は熱帯，南部の海岸沿いは温帯で
す。また地形の面からみると，東部を南北に縦断するグレートディバイディング山脈を除いて
は，乾燥帯と重なる平坦な安定大陸（陸塊）がその多くを占めています。課題とした4か所に
ついて，簡単に説明し，板書等でまとめます。

　北部ケアンズ，カカドゥの気候区はそれぞれ熱帯モンスーン（Am）とサバナ（Aw）で，熱帯の中でも雨季と乾季がはっきりと表れます。ケアンズは目の前にグレートバリアリーフ，背後の山地には豊かな熱帯林が広がり，カカドゥは雄大な湿地が広がる先住民アボリジニゆかりの土地です。各地には，Wildlife Park とよばれる動植物園があり，貴重な野生生物と触れ合うことができます。

　大陸のほぼ中央，周囲を砂漠に囲まれるウルルは「世界最大級の一枚岩」として有名です。世界中から訪れる観光客が地上からの高さ335m（標高863m）の頂上をめざす登岩や，朝日や夕日が照らす赤く染まった美しい姿を楽しんできました。しかし，ここを聖地として信仰の対象としてきたアボリジニの反対運動などもあり，登岩は現在禁止されています。いわゆる「オーバーツーリズム」と，現地の環境や人々の生活との関わりについて考えさせることもできそうです。

　最大の都市であるシドニーの気候区は日本と同じ温暖湿潤気候（Cfa）ですが，南北それぞれの半球では季節が逆になりますから，8月は冬です。前時に見た写真から，他の3カ所とは異なる灰色の空や冬枯れした街路樹などに気付いてほしいところです。

　T：さて，ここまで私が訪れた4つの場所について，皆さんが調べてきてくれたことも含めてまとめてきましたが，結局のところ8月のこの旅行に私が用意していった服は……？

　S：ということは，もしかして……，全部？

　T：正解！　ケアンズやカカドゥあたりは，家から空港，機内と同じTシャツ1枚で済みます。とはいっても，朝夕は冷えることもあるので上に一枚羽織れるものが必要です。砂漠にあるウルルは，昼と夜，場合によっては日なたと日かげであっても相当気温が違ってくるので，極端な話，夏と冬両方の服装が必要です。そして，真冬のシドニーを経て真夏の日本に帰ってくるわけです。いやー，帰りの飛行機を降りたときの蒸し暑さといったら……。でも，このように広い国土に様々な自然環境が分布することから，美しい景観や野生動物など，見どころいっぱいの「観光立国」オーストラリアが成立しているんですね。

5　評価について

　「知識・技能」については，定期考査において地図や雨温図などから必要な情報を読み取ることができるかを問います。提出されたミニ・レポートからは次のような基準により評価します。〔思・判・表〕

評価の段階	評価の基準
A：十分満足できる	課題7の説明が，自然環境を背景にしたものとなっている。
B：おおむね満足できる	すべての課題について記載されている。
C：努力を要する	記載に明らかな誤り，漏れがある。

宗教は，人々の生活文化にどのような影響を 与えているのだろうか？

1 本単元の主題とねらい

> 宗教は，人々の生活文化にどのような影響を与えているのだろうか？

　生徒たちだけでなく大人も同じだと思いますが，我々は知らず知らずのうちに物事に対するステレオタイプ，固定観念や思い込みにとらわれがちです。地理に関していえば，「インド人は，みんなターバンを巻いている」のように，特定の国やそこに暮らす人々のことを単純化されたイメージにもとづいて語ってしまうということです（ちなみに，ターバンを巻いているのはインドの人口の2％程度にあたるシーク教徒のみですから，50人に1人くらいしかいません）。

　このような思い込みを覆すことで，生徒たちに「へぇー，そうだったんだ！」と思ってもらうことも，地理（だけではないですね）授業の役割の一つではないかと考えています。このことが生徒たちの興味や関心をかきたて，知識の定着につながると考えるからです。今回の授業では，「インド人は，決して牛肉を食べない」，「インド人は，カースト制度にしばられて生活している」などの思い込みに対して，「インド人は，全員ヒンドゥー教徒なのか？」「インド人がITに強いのはなぜなのか？」といった問いをぶつけることで，彼らの「へぇー！」を引き出し，宗教がインドの生活文化に与える影響や近年の変容について気付かせたいと思います。

2 各時間の問い

第1時
　・インドの農業・食料生産にはどのような特徴があるだろうか？〜牛肉を食べるインド人って？

第2時
　・インドでIT産業が発展したのはなぜだろうか？〜カースト制度とITの関係とは？

3 単元の指導計画

時	ねらい	学習活動	教師の指導（＊評価）

主題

> 宗教は，人々の生活文化にどのような影響を与えているのだろうか？

時	ねらい	学習活動	教師の指導（＊評価）
	問い インドの農業・食料生産にはどのような特徴があるだろうか？		
1	ヒンドゥー教徒だけではない多様な宗教分布が，インドの農業や食料生産の在り方を規定し，影響を与えていることに気付かせる。	・主な牛肉輸出国4カ国について考え，インドは牛の輸出量が世界的に見て多いことを知る。 ・インドの食料生産事情について知る。 ・インドの宗教別人口割合について考え，答えを出す。 ・インドの牛肉生産，輸出事情について知る。	・世界のおもな牛肉輸出国やインドの宗教別人口分布などについて問い，食料生産や牛肉の生産，輸出などに与えている影響について説明する。 ＊インドの多様な宗教分布と，それにもとづく食料生産事情について理解している。
		・西葛西に住むインド人が従事する仕事とは何か考え，答えを出す。	・西葛西の様子を紹介しながら，リトル・インディアとよばれるほどにインド人が増えた理由について問う。
	問い インドでIT産業が発展したのはなぜだろうか？		
2	ヒンドゥー教やカースト制度により規定されてきたインド社会の在り方が，情報化や国際化の進展など社会の変化によって変容していることに気付かせる。	・インド人が「ITに強い」理由とは何か考え，答えを出す。	・インドにおいてIT産業が発展し，多くの技術者を輩出するようになった社会的背景について問う。 ＊インドにおけるIT産業発展の社会的背景について理解，説明できている。

4 授業展開 （1・2時）

1 牛肉を食べるインド人って？（第1時…50分）

T：いつものことながら突然ですが，皆さんの好きな食べ物は何ですか？

S：「焼き肉！」「ラーメン！」「寿司！」（切りなく挙がり，収拾不能になります）

T：はいはい，もういいですよ。やっぱり，若者は「肉」ですかね？　たくさん食べようと思うと，「高級ブランド和牛」というわけにもいかないから，輸入肉を出すお店も多いで

すよね。ここ数年，世界全体の牛肉輸出量は1000万トンくらいといわれているんですけど，どのへんの国が多いと思いますか？　ちょっと周りで話してみて。スーパーのお肉コーナーの様子なんかを思い浮かべてみるといいかも。……どうですか？

S：やっぱり，アメリカですよね！

T：そうですね。他には？

S：「オージー・ビーフ」ってよく見かけますよね……，オーストラリア？

T：その通り！　日本の場合，この２カ国で輸入量の９割近くを占めます。なかなか難しいと思いますが，他にもう２カ国どうですか？

S：う～ん……。

T：ちょっと難しいですよね。答えは，ブラジルと……，インドです！

S：えーっ！　インドの人が，牛を「肉」にしちゃっていいんですか？

インド人の多くが信仰するヒンドゥー教では，牛は「聖なる動物」とされています。牛が街中を堂々と歩いたり，寝そべって人や車の通行を妨げていたりする姿をテレビ等でもよく見かけるように，インドにおける牛の飼育頭数は約１億９千万頭でブラジルに次いで世界第２位，これに水牛を加えると３億頭近くにもなります。

ヒンドゥー教徒が牛肉を食べることはありませんが，ベジタリアン（菜食主義者）も多い彼らにとって，牛乳，加工品としてのバターやヨーグルトは貴重なタンパク源です。インドの生乳生産量は年間1.5億トンで世界第１位，バターの生産量については同610万トンで世界最大です。インドでは，近年の人口増加や経済発展により食料需要が高まっています。牛乳については，乳牛の品種改良や生産・輸送効率の向上などにより生産量が飛躍的に増加したことから，「白い革命」とよばれています。このあたりの統計数値や関連する話題も授業の導入に使えそうです。

T：さて，牛「肉」の話に戻ります。たしかに，ヒンドゥー教徒が牛肉を食べることはありませんが，インドの人って，全員ヒンドゥー教徒ですか？

S：（「え，そうじゃないの？」という声も）

T：ヒンドゥー教徒は，全体の80％くらいです。では残りの２割は？

S：イギリスの植民地だったから，キリスト教とか？

T：いい目の付けどころですねえ。ただ，数としては小さくて２％程度です。第二集団として14％を占める人々がいるんですけど，どうですか？

S：う～ん，何だろう……。

T：今，イギリスの植民地だったという話が出ましたね。その頃は周辺のパキスタンやバングラデシュ，スリランカも含めてイギリス領インド帝国とよばれていたんですが，独立するときに宗教上の対立から分離してしまいました。ただ，国境線のあっちとこっちで人を完全に分けることはできませんよね。ということは……？

S：イスラム教？

T：はい，よくできました。ところで，インドの人口は約13億7千万人です。ということは，イスラム教徒14％とキリスト教徒２％を合わせると，その人口はどのくらいかな？　計算してみて。

S：２億2千万人？　すごーい！

T：そうなんですよ。世界５位のパキスタンと同じ人口規模です。つまり，インドには牛肉を食べる習慣をもつ人が，２億人以上存在するということになります。

このようなことから，インドにおける牛肉生産はおもにイスラム教徒の仕事でした。搾乳ができなくなった水牛は食肉用に解体され，国内で消費される他，おもに中東やアフリカに輸出されてきました。2010年代前半には，水牛肉を含めたインドの牛肉輸出量は年間200万トン超で世界最大となり，総輸出量の４分の１を占めるまでになりましたが，近年は減少傾向にあるようです。その理由の一つは，輸出先である中東やアフリカの景気減速だそうですが……。

T：輸出量減少の理由のもう一つは，牛肉を食べた，加工に携わっているという理由で，イスラム教徒がヒンドゥー教過激派に襲撃されたり，殺されたりするという事件が多発しているといいます。この影響から取引量が減っているようです（新聞記事資料を見せながら）。

S：えーっ，そんなことで……。

T：インド独立運動の指導者ガンディーは，自身はヒンドゥー教徒でしたが，イスラム教徒との対話を熱心に続けました。にもかかわらずインドとパキスタンは分離して独立，ガンディーは同じヒンドゥー教徒によって暗殺されました。インドとパキスタンは，現在も国境付近で衝突を繰り返しており，両国ともに核兵器を保有しています。

２ 日本一のインド人街，リトル・インディアとはどこに？（第２時…15分）

T：今日は，ある国の国旗から（図１）。さてどこの国？

S：ヒントください！

T：そうですね，真ん中の丸いものは，この国で生まれたある宗教のシンボル，横縞の３色も他の宗教を表します。

S：なんか前の時間にやったような……インド？

図1

T：その通り。真ん中は「法輪」といって仏教のシンボルです。仏教は，お釈迦様によって開かれたインド発祥の宗教ですよね。結果的にインドでは広がらなかったけど。上のオレンジ（サフラン）色はヒンドゥー教，下の緑はイスラム教，そして間の白は両者の融和とその他の宗教を表すそうです。で，ここからそう遠くないところにこの旗がたくさん翻っている街があります。ちょっと写真を見てみましょう。

ここで，東京・西葛西の様子を映した３枚の写真を生徒に見せます。１枚目はインドカレー屋，２枚目はインドの商品を主に取り扱うスーパー，３枚目はインド式の初等教育を行うイン

ターナショナルスクールが映った写真を用意しました。それぞれの写真の説明後，この写真の場所が東京都江戸川区西葛西であること，この街には日本に住むインド人の1割，約3000人が暮らしていて，日本一のインド人街「リトル・インディア」とよばれていることを伝えます。その後，西葛西に住むインド人の皆さんの多くが従事するお仕事とは，何か生徒に尋ねてみました。

　　S：カレー屋さん？

　　T：いやいや，全員カレー屋さんだったら大変でしょ（笑）この街にインドの方が増えたのは，2000年以降のことだから，そんなに古い話ではないですよ。周りの人と考えてみて。

　西葛西には，都内の企業でIT技術者として働くインド人が多く暮らしています。金融関係やその他企業の本社が集中する都心と地下鉄路線が直結し，通勤に便利であることがその理由とされています。近くを流れる荒川の景色が，ガンジス川に似ていてホッとするという方もいらっしゃるとか……。

③ インド人が「ITに強い」のはなぜ？ （第2時…35分）

　　T：インドの人は，ITに強いといわれますよね。地図帳を開いてください。南部のベンガルール（バンガロール）という都市を見つけて印を付けましょう。ここには，グーグルやマイクロソフトなど，皆さんもよく知っている巨大企業が多く進出しています。では，彼らが「ITに強い」理由を4つあげてみてください。中学校でも習ったんじゃないかとは思いますが，グループで話し合ってみよう！

　この問いについては生徒たちにも予備知識があるようで，①算数・数学教育が充実していること，②旧イギリス植民地であったことから，英語の話者が一定数存在すること，③世界的なIT企業が集中するアメリカと半日の時差があり，データのやり取りをとおしてタイムラグなく開発を進められること，このあたりまでは答えが出てきます。

　　T：さあ，最後の一つは何だろう？　インドの歴史や宗教，身分制度に関係があります。

　　S：カースト制度？

　カースト制度は，紀元前のインドでヴァルナ（身分）とジャーティー（職業）を結びつけてつくられたもので，ヒンドゥーの教えとともにインド社会に根付いてきました。洗濯屋のジャーティーに生まれた子は洗濯屋，というように人々の生き方は固定化され，社会的な差別のもとでもありました。現在は，憲法においてカーストによる差別は禁止されていますが，なかなか貧困から抜け出せない多くの人々が存在します。そんな中で「IT技術者」は，そもそもカースト（ジャーティー）に存在しない職業であることから，インドの若者たちにとって貧困から抜け出すチャンスとなりました。

　　T：……というわけでね，皆さんと同じくらいの年頃のインドの青年たちが，狭くてとてもきれいとはいえない教室の中でも目をキラキラさせて数学の講義を受けている姿を，以前に特集番組で見たことがあります。日本の高校生も頑張んなきゃね！

5 評価について

　定期考査における出題例を以下に示します。問１はそれほど難しくはないと思いますが，問２についてはいきなり文字数制限付きで問われると，穴埋め式のテストに慣れきっている生徒たちは面食らいます。普段の授業の中に，「文章で説明する」機会を多く確保したいものです。

【問１】 次の図は，南アジアのおもな国の宗教分布を示しており，ア〜ウは地図中Ａ〜Ｃのいずれかである。その組み合わせとして最も適当なものを選び，答えなさい。〔知・技〕

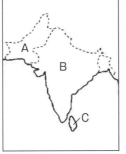

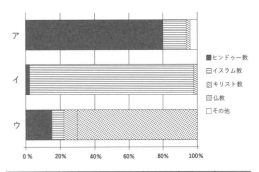

【解答】 ③
ア…ヒンドゥー教徒の多いインド
イ…イスラム教徒の多いパキスタン
ウ…仏教徒の多いスリランカ

	①	②	③	④	⑤	⑥
ア	A	A	B	B	C	C
イ	B	C	A	C	A	B
ウ	C	B	C	A	B	A

【問２】「インドにおけるＩＴ産業の発展」について，下の資料も参考にしながら150字程度で説明しなさい。ただし，次の語句を必ず使用し下線を付すこと。〔思・判・表〕

〈使用語句〉時差，カースト

〈資料〉

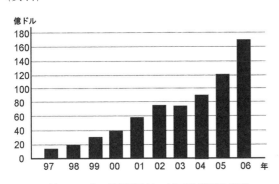

インドのソフト・関連ITサービス輸出額の推移

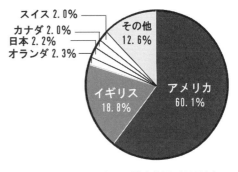

インドのソフトウェア輸出先国（2006年）
インド電子機器コンピューターソフトウェア輸出振興会より作成

【解答例】 インドのIT関連の輸出額は2000年前後で20倍近く増加し，その６割がアメリカ向けである。背景には，半日の時差がある地理的位置関係からタイムラグなくソフトウェア開発を進められること，また伝統的なカーストに存在しないIT技術者は，若者たちにとって貧困から抜け出すチャンスともなっていることなどがある。

　　　　　　　　　　　　　　　　　　　　　　　　　　　　　　　　（143字）

5 歴史的背景は，人々の生活文化に どのような影響を与えているのだろうか？

1 本単元の主題とねらい

歴史的背景は，人々の生活文化にどのような影響を与えているのだろうか？

　ラテンアメリカ諸国は日本の対蹠点周辺に位置し，距離的には最も遠い国々です。その一方で，とくにブラジルとの経済的な結びつきは強く，日本は鉄鉱石，トウモロコシ，鶏肉などの多くを輸入しています。また，生徒たちもよく知るサッカーJリーグの外国人選手のほとんどは，ラテンアメリカ出身です（チームによって多少の差はありますが）。

　さらに，1980年代後半以降のバブル期における労働力不足を解消するために入管法（出入国管理及び難民認定法）が改正され（90年），多くの日系人が来日するようになったことから，小中学校時代に日系ブラジル・ペルー人の子どもたちとクラスメートとして接した経験をもつ生徒たちも珍しくなくなりました。私自身も，これまでに何人かの日系の生徒を担当した経験があります。隣人としての彼らと良好な関係を築くことができるよう，日系人を含む多様な人種・民族構成を形成してきた歴史的背景についての理解を促すことをねらいとして，生徒たちにとって身近な話題を切り口として実践しました。

2 各時間の問い

第1時
・中南米は，なぜ「ラテンアメリカ」とよばれるのだろうか？〜ラテン系ヨーロッパ人による植民地化の歴史

第2時
・中南米各国の人種や民族の構成が異なるのはなぜだろうか？〜地理的・歴史的背景がつくりだしたモザイク

3 単元の指導計画

時	ねらい	学習活動	教師の指導（＊評価）

主題
歴史的背景は，人々の生活文化にどのような影響を与えているのだろうか？

問い 中南米は，なぜ「ラテンアメリカ」とよばれるのだろうか？			
1	「ブラジルタウン」大泉町が形成された背景にある日本とブラジルの関係を切り口として，中南アメリカがスペインやポルトガルなどラテン系ヨーロッパ人の支配を受け，歴史的に大きな影響を受けたことに気付かせる。	・写真を見て，どこで撮影されたものか考える。 ・「日系人」とはどのような人をさすのか考える。 ・写真を見て，ブラジルの言語は何か考える。 ・ラテンアメリカの「ラテン」とは，どのような意味か考える。	・群馬県・大泉町の写真を示し，「写真はどこで撮影されたものか」を問う。 ・大泉町に多くの日系ブラジル人，ペルー人が暮らす背景について説明する。 ・ポルトガル語で書かれた看板の映った写真を示し，「何語で書かれているか」を問う。 ・この地域が「ラテンアメリカ」とよばれる歴史的背景，過酷な植民地支配について説明する。 ＊日本各地に多くの日系ブラジル人，ペルー人が暮らす理由，ラテン系ヨーロッパ人が中南アメリカに与えた歴史的影響について理解している。
	問い 中南米各国の人種や民族の構成が異なるのはなぜだろうか？		
2	ラテンアメリカのサッカー代表チームにおいては，国により人種・民族構成に差異があることに気付かせ，その地理的・歴史的背景を理解させる。	・ラテンアメリカの有名な人（スポーツ選手など）を出し合ってみる。 ・前時の授業内容や地図帳を参考に考え，答えを出す。	・サッカー代表チームの写真を示し，人種や民族構成の違いについて，その背景を問う。 ＊ラテンアメリカの中でも，その地理的・歴史的背景により，人種・民族構成が異なることについて理解している。

4 授業展開（1・2時）

1 ブラジルの中の日本？　日本の中のブラジル？ （第1時…30分）

図1　大泉町

T：今日は，写真（図1）を見てもらうところから始めましょうか。さて，ここはどこでしょう？　周りの人と相談して考えてみよう。……どうですか？　どこだかわかりましたか？

S：ブラジルです。

T：どうしてそう思ったの？

S：建物の壁に「BRASIL」って書いてあるからです。

T：そうですね。他には？

S：あれ，下の方のフェンスに「貸物件」って書いてある！　奥に「ラーメン」の暖簾も……？

T：ここは「ブラジルの中の日本」「日本の中のブラジル」いったいどっちなんでしょうね。

　群馬県の南東部に位置する大泉町は，日系ブラジル人やペルー人が多く暮らす町「ブラジルタウン」とよばれています。隣接する太田市とともに富士重工業㈱（現・㈱SUBARU）や三洋電機㈱（現・Panasonic㈱）など大手企業の機械組み立て工場が立地する「ものづくりの町」としても知られてきましたが，1980年代後半からのバブル期に深刻化した労働力不足への対処として，90年に入管法が改正され，ブラジルやペルーから多くの「日系人」が移り住むようになりました。現在は，ネパール人やベトナム人などアジア系の人々も増えているそうで，町の人口4万2千人弱のうち外国人は約20％，5人に1人を占めています。

図2　スーパーの様子

T：（図2を見せながら）……というわけで，街中の色々なところにブラジルの雑貨を売っているスーパーとか，ブラジル料理のお店があります。串に刺して豪快に焼いたお肉が次々に運ばれてくる「シュラスコ」は，お肉大好きな皆さんにおすすめです。千葉からだと少し遠いですけど，ちょっとした海外旅行気分が味わえて楽しいですよ。

　先ほども言ったようにここ大泉町には，多くの日系ブラジル人，ペルー人が暮らしています。ところで，「日系」とか「日系人」ってどういう意味なんでしょう？　小中学校時代にそういうお友達はいませんでしたか？　ウチの学校の生徒にもいましたよ。周りの人と話してみて。

S：（「そういえばアロンソ君って子いたなあ……」）（「日本の名字だったなぁ……」）

T：日系人とは，永住することを目的として海外に移り住んだ人たちとその子孫のことをいいます。

S：ということは，まずブラジルに移り住んだ日本人がいたということですか？

T：いい質問ですねえ。今から100年ほど前，日本が経済的に苦しかった時期に移り住んでコーヒー農園などの労働者となり，苦労しながら現地に定着しました。時を経て，今度はその子孫にあたる日系ブラジル人が日本へ働きにきたというわけです。

2 **ラテンアメリカ，何が「ラテン」なの？**（第1時…20分）

T：もう少し，写真（図3）を見ましょう。この看板や，値札には何て書いてあるんでしょうね？

S：全然わかんなーい。

T：じつは，私も全然わからない（笑）
　　そもそも，これ何語だと思う？

S：ブラジル語？

T：ブラジル語という言語はないですよ。

S：え，そうなんですか？

T：おいっ！

図3　看板や値札

S：な，何？　ビックリした〜！

T：Oi！（オイ！）は，ブラジルの「こんにちは」です（笑）他に，「おはよう」は Bom dia（ボンヂーア），「ありがとう」は Obrigado/Obrigada（オブリガード［男性］／オブリガーダ［女性］）あたりが知られていますよ。では，この件はしばらく置いておくことにして，ブラジルやペルーがある大陸を何とよびますか？

S：南アメリカ大陸！

T：そうですね。他に言い方ありませんか？

S：ラテンアメリカ？

T：そう言いますよね。では「ラテン」って，どういう意味ですか？　中学校でも習っていると思いますよ。周りの人と相談してみよう。

　「ラテン」とはイタリア，フランス，スペイン，ポルトガルなどヨーロッパ南部の地域，人々，言語や文化をさします。大航海時代以降，メキシコ，中央アメリカ，南アメリカなどにスペイン人，ポルトガル人が進出し，植民地化される過程で言語やキリスト教カトリックなど，「ラテン」の文化が持ち込まれたことから，この地域はラテンアメリカとよばれます。スペイン，ポルトガル両国は15世紀末に交わした領土分割条約にもとづき，ブラジル以東をポルトガル領，その西側をスペイン領としました。そのため，この地域ではブラジルだけがポルトガル語を公用語としています。

一方で，スペイン人らは武力によってこの地を征服し，先住民たちに納税や労働を強制し，鉱山や農園で酷使しました。これに加え，ヨーロッパから持ち込まれた天然痘やペストなどの疫病により先住民の人口は激減し，アステカやインカなど，もともと高度な文明が栄えていた現地の社会は崩壊しました。詳しい様子については，当時の植民活動に同行していた修道士ラス＝カサスが，『インディアスの破壊についての簡潔な報告』に著しています。

❸ 国によって人種や民族の構成が異なるのはなぜ？ （第2時…50分）

　Ｔ：ラテンアメリカの有名人って誰ですかね？　芸能人でもスポーツ選手でもいいですよ。例えば，陸上の短距離で，あの決めポーズをする……。

　Ｓ：ウサイン・ボルト！　　Ｔ：そう！　他には？　サッカー選手とかはどうですか？

　Ｓ：メッシやネイマールとかですかね？

　Ｔ：そうですね。私が思い浮かぶ選手でいうと，ジーコとかペレとか。ところで，話に出てきた人の顔って皆さんわかりますか？

　Ｓ：ボルトとか，ネイマールは肌の色が黒いけど，メッシなんかは白いですね。

　Ｔ：そうなんですよね。ではここで，いくつかの国のサッカー代表チームの写真を見てみましょう（スクリーンに投影する）。それぞれ，どこの国かわかりますか？

　ユニホームのデザインなどについてやり取りをしながら（知っている生徒中心になりますが），それぞれの国の選手たちの様子を見ると，サッカーの代表選手という限られた範囲ではありますが，国によって人種構成がかなり異なることがわかります。そこで，以下のグラフ（図4）を示し発問します。

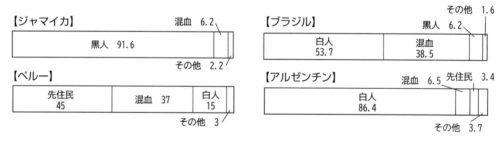

図4　各国の人種構成

『2021データブックオブ・ザ・ワールド』

　Ｔ：……このように，国によって人種や民族の構成が異なるのはなぜだと思いますか？　前回の授業で話した歴史のこと，あるいは地図帳でそれぞれの国の地理的な位置を確認しながら考えて，答えを出してみましょう。では，グループで話し合ってみてください。

　スペイン人の侵略によって先住民がほぼ絶滅させられた後にイギリス領となったジャマイカでは，砂糖プランテーションの労働力としてアフリカから多数の黒人奴隷が連行されましたが，彼らの子孫が現在のジャマイカ人のほとんどを占めています。ブラジルでも大土地所有制のもとでプランテーションがひらかれ，同じく労働力として黒人奴隷が移住させられましたが，その後奴隷制度が廃止されると代わりにアジアなどからも移民を受け入れるようになりました。

在日日系人の祖父母や曾祖父母が，これにあたります。また，ペルーなどアンデスの高地では
スペイン人の侵略が及ばなかったため先住民の割合が高く，プランテーションが成立せず黒人
奴隷の流入が見られなかったアルゼンチンでは，入植したスペイン人などの子孫が多くを占め
ています。

　以上のように，ラテンアメリカ各国における人種・民族構成は，白人による植民地支配が及
んだ範囲，その経営の在り方，黒人奴隷や移民の流入数などによって異なり，「モザイク」と
もいうべき文化の多様性をもたらしています。他方で，混血が進むことによって人種や民族を
区分すること自体が意味をなさなくなってきている（ラテンアメリカに限ったことではありま
せんが）ことも事実です。例えば，白人と先住民との混血は「メスチーソ」とよばれますが，
混血の一層の進行はこのような呼称そのものが妥当であるかを問うています。

5　評価について

　授業の中では扱ってはいませんが，下問題例のように，同じ事象について地図をとおして見
たときにどんなことがわかるのか，あらためて定期考査で問うこともあります。考査の際に初
めて知ることがあってもよいと思いますし，暗記だけではない生徒の力もわかります。

【問い】　下の地図A～Cは，先住民，白人，黒人それぞれが，各国の人口に占める割合が30％
　　を超えている国に着色をしたものである。地図と人種・民族構成の組み合わせとして最も適
　　当なものを選び答えなさい。〔知・技〕

	①	②	③	④	⑤	⑥
A	先住民	先住民	白人	白人	黒人	黒人
B	白人	黒人	先住民	黒人	先住民	白人
C	黒人	白人	黒人	先住民	白人	先住民

【解答】　⑥（A…ジャマイカやハイチ　B…ブラジルやアルゼンチン　C…アンデス地域など高地）

地域統合は，人々の生活文化に どのような影響を与えているのだろうか？

1 本単元の主題とねらい

地域統合は，人々の生活文化にどのような影響を与えているのだろうか？

授業中のやりとりの中で，

T：「ヨーロッパの国々がまとまってできた組織は？」　　S：「EU！」

T：「なぜ，まとまったの？」　　S：「……」

T：「では，まとまって何かいいことあった？」　　S：「国境がなくなった！」

T：「なぜ，国境がなくなるのはいいことなの？」　　S：「……」

といったような場面が多々あります。括弧の穴埋めをするように単語としてはインプットされているのですが，それぞれの意味や背景，語句と語句のつながりについては今一つ理解が浅いようです。「この頃の自分もそうだったよなあ」とは思いますが，ここを埋めてつなげることも高校の授業の役目ですので，生徒たちの「穴埋めの方が楽なんですけど……」と言いたげな表情に負けないように頑張りたいものです。

　ここでは，比較的多くの情報が入ることから生徒たちにとっては自明となっている西ヨーロッパの統合，統合の進展ゆえに起こっている近年の諸問題，例えばイギリスの離脱や移民受け入れをめぐる混乱などついて，その背景となっているものを少し丁寧に解きほぐしながら，「あぁ，なるほど。そうつながっていたのか！」と思ってもらえる授業を目指します。

2 各時間の問い

第1時

・ヨーロッパはなぜ「統合」に向かったのだろうか？〜ヨーロッパを旅行すると「所持金が半分になる」って？

第2時

・ヨーロッパはなぜ「分裂」に向かっているのだろうか？〜統合と経済格差の拡大

3 単元の指導計画

時	ねらい	学習活動	教師の指導（＊評価）
	主題		
	地域統合は，人々の生活文化にどのような影響を与えているのだろうか？		
1		・昔「ヨーロッパを旅行すると『所持金が半分になる』」と言われていたのはなぜかについて話し合い，答えを出す。 ・「ユーロ」コイン，紙幣のデザインの意味について考え，答えを出す。 ・共通通貨以外の事例を出し合う。	・ユーロ導入以前の旅行の話に関連して発問する。 ・コインや紙幣の見本を見せ，問う。 ・共通通貨以外の事例をあげるように促す。 ＊ヨーロッパ統合による人々の生活の変化について理解している。
	問い ヨーロッパはなぜ「統合」に向かったのだろうか？		
	壮大な社会実験ともいえるヨーロッパの統合による人々の生活の変化と，その地理的，歴史的背景について理解させる。	・中学校等で学んだヨーロッパでのEU発足の知識を用いて考える。 ・次の時間までに地図を完成させてくる。	・地理的，歴史的背景について問いながら，統合の過程を整理する。 ・課題（ヨーロッパの統合過程についての地図作成）の指示をする。 ＊ヨーロッパ統合の地理的，歴史的背景について理解している。
	問い ヨーロッパはなぜ「分裂」に向かっているのだろうか？		
2	イギリスのEU離脱，移民の受け入れ問題，右派の台頭など，「分裂」に向かっているともいえる近年のEUの動きと，その背景について複数の資料を用いて分析し，表現させる。	・問いについて話し合い，答えを出す。 ・本時の内容について200～300字程度でまとめる。	・イギリスのEU離脱などに関する資料映像等を見せる。 ・完成した課題の地図から読み取れることについて問う。 ・各国の経済指標や移民の流入に関する資料を加え，ヨーロッパが「分裂」に向かう背景について問う。 ＊ヨーロッパが「分裂」に向かう背景について考え，表現することができている。

4 授業展開（1・2時）

1 ヨーロッパを旅行すると「所持金が半分になる」って？（第1時…30分）

T：今よりずっと若かった頃，皆さんが生まれる前の話，ヨーロッパを旅行したときのことです。2，3カ国回っただけでしたが，あっという間にお金が減ったなあという思い出があります。何でだと思います？

S：豪遊しちゃったんですか？

T：いやいや，高級なホテルとかに泊まったりしませんよ。基本，有名観光地には興味なくて，街や市場をブラブラするだけですし……。

S：お酒を飲み過ぎた！

T：何でわかるんですか！（笑）って……，それもないですねえ。確かに物価は高めですが。大げさな表現だとは思いますけど，ヨーロッパを一周すると「所持金が半分になる」って言われてたんですよ。だから，私だけの問題ではありません。さあ，なぜでしょう……？

　共通通貨ユーロが導入されたのは1999年のことですが，当初は外国通貨との決済単位や銀行口座上の表記として使われていました。2001年の年末以降，各国の通貨と置き換わり実際に流通が始まり現在に至っています。上の問いの答えは「国境を越える度に両替手数料がかかったから」です。ユーロ流通以前は各国それぞれの通貨を使用していましたから，英（ポンド）→仏（フラン）→独（マルク）→伊（リラ）……というように，両替を繰り返しながら旅行をしなければなりませんでした。

T：（スクリーンに図1を投影しながら）これがユーロの紙幣とコインの見本です。最高額は200ユーロ紙幣，日本円にして2万5千円くらいになりますから，結構

図1　ユーロの紙幣とコインの見本
画像引用：Wikimedia Commons より

緊張しますね。以前は500ユーロが最高額だったのですが，テロ・犯罪組織によって悪用される例が後を絶たないということで廃止されています。ところで，紙幣のデザインはすべて共通で「架空の橋や窓」が描かれています。これはなぜだと思いますか？

S：どこかの国の人や名所だと，平等じゃないから。

T：その通り。ちなみに，橋はヨーロッパと世界をつなぐ，窓は世界に開かれたヨーロッパを表しているそうです。これに対して，コインは片面が共通，もう片面は各国独自のデザインを施したものになっています。例えば，ドイツは国のシンボルである鷲，オーストリアの人物は誰かな？　たくさんのオペラや交響曲をつくった有名な作曲家ですよ。

S：モーツァルト？

T：そうです！　皆さんも知っているように，ユーロは EU の共通通貨です。これ以外に
　　EU があることで共通となり，人々の生活が便利になったこと，何か知りませんか？

　その答えを大ざっぱに言えば，「ヒト，モノ，カネ，サービスの移動が自由になった」とな
ります。ヨーロッパの面積はアメリカの半分程度ですが，その中に50近い国がひしめいていま
す。統合以前の国境には，商品を輸送するトラックが出入国審査待ちの長い列をつくり，物流
が滞っていました。また，国境を越える度にかかる関税がコストを押し上げ，経済の発展を妨
げてきました。これらを解消するために行われたのが，域内関税の廃止，「シェンゲン協定」
によるパスポートチェックなしの国境通過などです。それだけでなく，通商，農業，資源・エ
ネルギー，環境など，社会のありとあらゆる場面における政策や規格が共通・統一化され，
人々の日常生活は大きく変わりました。「壮大な社会実験」といわれるゆえんです。

２ ヨーロッパはなぜ「統合」に向かうのか？（第1時…20分）

T：EU の加盟国は，イギリスの離脱があったので現在27カ国（原稿執筆時点）です。キリ
　　スト教という土台があるとはいえ，言葉も文化も違う30近くの国同士が社会のありとあら
　　ゆる場面を共通化するというのは，大変なことですよね。これを今すぐに日本，韓国，北
　　朝鮮，中国でやろうとしたら……？

S：まあ難しい話ですねえ……。

T：では，そこまでして統合を進めてきたのはどのような理由からだと思いますか？

S：ひとつひとつの国は小さいし，さっきの話にもあったけど，色々とムダが多いから？

T：そうですね。そういった経済的な理由が一つです。他には……？

　二度にわたる世界大戦の舞台となり国土が荒廃したヨーロッパ各国は，国際的地位や経済力
の低下に直面しました。このことから戦後のヨーロッパは，地域の統合により戦災からの復興
と経済の発展を目指すことになります。統合は，1952年にドイツ（西ドイツ）やフランスなど
６カ国による欧州石炭鉄鋼共同体（ECSC）の発足に始まり，67年の欧州共同体（EC），93年
の欧州連合（EU）成立を経て現在に至っています。

T：というわけで，欧州統合とは戦争のガレキの中から生まれた希望なのです。最初の６カ
　　国を原加盟国といいますが，その後，段階的に加盟国が増え続けてきました。では，ここ
　　で課題を出します！

S：えーっ！

　課題の内容は，ヨーロッパの白地図に①国名と首都名を記入，② EU（EC）加盟年ごと国
別に着色，③ユーロ導入国に「€」を記入，④シェンゲン協定加盟国に「S」を記入するとい
うものです。教科書や地図帳には同様の地図が掲載されていますが，統合の広がりを面的に捉
え次の時間につなげさせるため，毎回か手書きさせています。

３ ヨーロッパはなぜ「分裂」に向かうのか？（第2時…50分）

T：（「イギリス EU 離脱」，「移民受け入れをめぐる対立，混乱」，「右派政党，政治家の台

頭」などに関するニュース映像を見せる）ちょっと難しかったかもしれないけれど，こういう番組を見たときに，「あー，授業でやったあれね」と思えるようになってくださいね。

さて，前の時間に話したようにこれまでのヨーロッパは統合に向かって歩んできました。しかし，最近それとは反対に「分裂」に向かう様子が見えてきています。

ここで，宿題としていたヨーロッパの統合過程についての地図を用います。まずは周りの人と「その地図から読み取れること」について出し合ってみるよう指示を出すと，「原加盟国は真ん中に固まっている」「その後は，外側に広がっている」などを読み取ります。生徒たちが生まれた時期の加盟国を確認し，その時期と地域に，はっきりとした傾向が読み取れることにも気付かせます。続いて，図2を示し，加盟国間の経済的な格差についての考察につなげます。

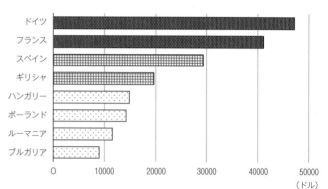

図2　おもなEU加盟国の1人あたりのGNI（国民総所得）（2017年）

『2021データブックオブ・ザ・ワールド』

T：EUは経済の面から見るとどのような方向へ拡大してきたといえますか？

S：豊かな国々から，そうでない，貧しい国々へ……ですか？

T：その通りです！　もう一つ資料（図3）を見せますね。これは，ドイツやイギリスにどこからどのくらいの数の外国人がやって来ているのか，を示したものです。さっきの話と結びつけて考えると，どういうことがいえますか？

S：ルーマニア，ポーランド，ブルガリア……あ，さっき出てきた「貧しい国々」からか……。

T：そうですね。ところで彼らは，何をしにドイツやイギリスにやって来るの？　観光？

S：働くためですね！

T：なぜ，自分の国で働かないの？　わざわざ外国に行くの大変じゃない？

S：豊かな国は，給料も高いから！

T：ところで，なぜ彼らはドイツやイギリスに行くことができるの？　EUの中では……？

S：人の移動が自由になったから！

この後は，周辺の国々から多くの労働者が流入することになったドイツやイギリス，フランスなどで，彼らに対してどのような反応が起こりうるのかについて，大企業の経営者，一般の労働者など異なる立場から予想してもらいます。もともとヨーロッパ諸国では，旧植民地から受け入れた多くの外国人労働者が暮らしていました。EUが東欧諸国に拡大し，加盟国間の経済格差による生産拠点や労働力の移動が著しくなると，これまで豊かさを享受してきた国の人々の間に移民労働者やEUそのものへの反発が激しくなり，その不満をすくい取る形で右派

勢力が台頭する，という本時冒頭の話につなげます。

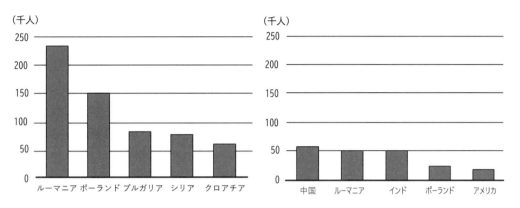

図3　ドイツ（左），イギリス（右）への国別流入外国人人口（2017年）

『2021データブックオブ・ザ・ワールド』

5 評価について

第2時の内容について，問いのようにミニ・レポートをまとめさせ，評価します。基準は下表の通り，A評価の例を下に示します。

【問い】①課題の白地図，②図「1人あたりのGNI」，③図「流入外国人人口」の3つの資料から読み取れることについて，200〜300字程度で説明しなさい。〔思・判・表〕

評価の段階	評価の基準
A：十分満足できる	規定の字数で，3つの資料を総合的に説明できている。
B：おおむね満足できる	規定の字数で書けているが，3つの図を別々に説明している。
C：努力を要する	3つの図のそれぞれを単文で説明し，字数が200に満たない。

【解答例】EUの拡大は，地理的には欧州の中心から周辺部へ向かっていくものであったが，それは同時に経済的に豊かな地域からそうでない地域への拡大でもあった。市場統合によって，労働力や資本の移動が自由になると，高い賃金を求める労働力は周辺部から中心へ，一方で安い労働力を求める中心部大企業の生産拠点は中心から周辺へ移動するようになった。そのため，経済的な豊かさを享受してきたドイツやフランスなど中心部の国々では，失業率の上昇や社会保障費の増加などの負担に対する国民の不満が高まり，その受け皿として移民の排斥などを掲げる右派の指導者や政党が台頭している。

（267字）

工業化は，人々の生活文化に どのような影響を与えているのだろうか？

1 本単元の主題とねらい

> 工業化は，人々の生活文化にどのような影響を与えているのだろうか？

　近年の東南アジア諸国は，人口増と著しい経済成長に沸いています。フィリピンの人口は1億人を超え，ベトナムも数年のうちに届きそうな勢いです。旅行で訪れる度に高層ビルが増え，道路は自動車で大渋滞，きらびやかなショッピングモールは人々の活気，熱気にあふれています。この状況は，まさに本単元の主題である「工業化が人々の生活に与えた影響」そのものです。そして，東南アジアで生産されるようになった商品の多くは日本にも輸出され，私たちの生活を便利で快適なものにしてくれています。

　一方で，生徒たちは（大人も，ですね）自分たちの身の回りに「メイドイン東南アジア」製品が存在することをあまり意識していませんし，気付いているとしてもどんな人々によってどのようにつくられたものなのかを想像してみることもありません。しかし，農産物などの一次産品も含めて，遠い外国から運ばれてくる商品の生産に関わっている人々に思いをはせ，同じ人間としてその暮らしが豊かであるように願うことは，同時に私たち自身の健康や安全を守ることにもなります。

　この授業では，身の回りの「メイドイン○○」探しを導入として，東南アジアの「工業化」がどのような背景のもとで進められ，人々の生活にどのような影響を与えてきたのか，その光だけでなく影の部分にもふれながら考えさせたいと思います。

2 各時間の問い

第1時
　・アジア各国の工業化はどのように進展したのだろうか？〜「メイドイン○○」を探そう！

第2時
　・アジア各国はどのように工業化を達成したのだろうか？〜先進国はなぜアジアを目指すのか？

3 単元の指導計画

時	ねらい	学習活動	教師の指導（＊評価）
主題			
工業化は，人々の生活文化にどのような影響を与えているのだろうか？			
問い **アジア各国の工業化はどのように進展したのだろうか？**			
1	身の回りの商品の多くが中国をはじめとするアジアからの輸入品であり，その輸入先が時代により変遷してきたことに気付かせ，変遷の背景についても考えさせる。	・グループにわかれ，身の回りから「メイドイン○○」と書かれている品物を探し出し，共有する。 ・問いについて考え，答えを出す。	・課題の指示をする。 ・各グループを周りながら，どんな「メイドイン○○」があったか発表させる。 ・「メイドイン○○」の時代による変遷について説明する。 ・「変遷」の理由を問う。 ＊アジア諸国の工業化における，その時期や国の違いについて理解している。
問い **アジア各国はどのように工業化を達成したのだろうか？**			
2	先進国企業の進出によりアジア諸国の工業化と経済発展が達成されたことに気付かせ，このことが人々の生活に与えた影響についても考えさせる。	・資料を参照しながら，問いについて考え，答えを出す。	・マレーシアのスライド写真を見せ，街や人々の生活の様子について説明する。 ・これらの国々が経済的に発展した理由と，このことが人々の生活に与えた影響について考えさせる。 ＊アジア諸国の工業化とその背景，人々の生活への影響について考え，表現することができている。

4 授業展開（1・2時）

1 「メイドイン○○」を探そう！（第1時…50分）

T：今日は，皆さんにあるものを探してもらおうと思います。

S：（「何をやらされるのだろう？」という顔をしている）

T：ではグループにわかれて，身の回りの持ち物から「メイドイン○○」を探してみてください。なるべくたくさん探して，お互いに見せてあげましょうね。ロッカーの中とか見に行ってもいいですよ。……どうですか，ちょっと聞いて回りますね。

S：どんなものでも，中国製が多いです。

T：まあ，そうでしょうねえ。でも，他にないですか？

S：消しゴムがベトナム製でした！

S：部活のボールはベトナムとか，ラオス！

S：先生，A君のお財布，フランス製だって！（「おぉ～！」一同どよめく）

T：中国製が圧倒的に多いのは予想通りですが，（表1を示しながら）意外とたくさんの国からやってきていることがわかりますよね。そして，この「メイドイン○○」ですが，世代によってイメージが違うんですよ。今日帰ったら，お家の方に聞いてみてごらん。

表1　日本におけるおもな商品の輸入先と割合

文具品

1位	中国	56.8%
2位	ベトナム	12.1%
3位	韓国	6.8%
4位	ドイツ	4.7%
5位	台湾	4.6%
6位	マレーシア	3.3%
7位	アメリカ	2.2%
8位	フランス	2.2%
9位	インドネシア	1.3%
10位	タイ	1.2%

スポーツ用品（おもちゃ等含む）

1位	中国	75.6%
2位	ベトナム	7.3%
3位	台湾	3.7%
4位	アメリカ	3.6%
5位	タイ	2.4%
6位	フィリピン	0.9%
7位	インドネシア	0.9%
8位	マレーシア	0.8%
9位	韓国	0.7%
10位	ドイツ	0.6%

通信機器（スマホ等）

1位	中国	69.6%
2位	ベトナム	7.5%
3位	タイ	6.1%
4位	マレーシア	3.6%
5位	アメリカ	2.5%
6位	台湾	2.5%
7位	メキシコ	2.2%
8位	フィリピン	1.5%
9位	韓国	1.2%
10位	ドイツ	0.5%

女性衣類

1位	中国	59.5%
2位	ベトナム	9.2%
3位	カンボジア	5.9%
4位	ミャンマー	4.6%
5位	イタリア	3.9%
6位	バングラデシュ	3.6%
7位	インドネシア	3.4%
8位	インド	2.2%
9位	ルーマニア	1.1%
10位	フランス	0.9%

国連商品貿易統計（2020年）より作成

生徒たちにとっての「メイドイン○○」といえば「中国」だと思いますが，私くらいの世代（1960年代後半生まれ）にとっては「けっこう最近」のこと，という印象です。商品を生産して海外へ輸出をするにあたっては，その国が一定程度の工業化，経済発展を達成している必要があります。日本の高度経済成長期の後，1970年代から韓国，台湾，香港，シンガポールが工業化を進め，アジアNIES（新興工業経済地域）と称されました。次いで，ASEAN（東南アジア諸国連合）の中でもタイ，マレーシアなどが，そして90年代に入ると中国が著しい成長を遂げ「世界の工場」とよばれるようになります。また，近年はベトナム，カンボジア，ミャンマーなど他のASEAN諸国やバングラデシュ，パキスタンなど南アジア諸国へも経済成長の波が及んでいます。これらの国々では，外国から高値で輸入品を買わなくても済むように必要な商品を自国で生産する「輸入代替型」の工業化が進められましたが，購買力と技術力の不足から計画通りにはいきませんでした。その後，方向性を「輸出指向型」に切り替えることで経済成長を軌道に乗せることができたというわけです。日本に向けて，それぞれの時期にこれらの国々から「メイドイン○○」がやってきたことには，このような背景がありました。

T：……ということですが，アジアNIES，とくに香港やシンガポール製ってあまり見ないよね。

S：たしかに……。

T：ということは，今は圧倒的な割合を占める中国製のものも，どこかの国に取って代わられていずれは見なくなるのかな？　じつは，さっき見せた商品の輸入先の統計だけど，ここ20年くらいでみると，かなりの国が入れ替わっています。なぜ，こういうことが起きるのだと思いますか？　周りの人と考えてみて。ヒントは，我々がこのような「輸入品を求める理由」です。……さて，どうですか？

S：「求める理由」は，「安いから」ですよね。100均なんかは，まさに。

T：その通りですね。では，国が入れ替わる理由ですけれど，商品を輸出して儲かるようになるとその国は豊かになりますよね？　その国の豊かさを示すモノサシを英文字3つでいうと？

S：GDP！

T：そうです！　で，豊かな国で働く人たちの給料は高い，安い？

S：高い！

T：となると，その国でつくられる商品の値段はどうなっていきますか……？

　他にも理由があるとは思われますが，最近の中国に同様の指摘があるように，経済成長によって人件費が高騰すれば，輸出競争力は失われていきます。「メイドイン〇〇」の変遷は，それぞれの国の成長と衰退を示しています。ただし，韓国が電子機器製造において世界にその技術力を誇り，シンガポールが国際的な金融センターとして発展するなど，その成長戦略の描き方によって後の姿は様々であるということも周知のとおりです。

2 アジアの国々はどのようにして工業国となったのか？（第2時…50分）

　授業のはじめに，以前マレーシアを旅行したときの写真（図1）を見せます。多民族国家なので，街中で色々な雰囲気の人を見かけることができて楽しいこと（左），首都のクアラルンプールは高層ビルが建ち並ぶ大都市で，夜景もきれいなこと（中央），食べ物も安くておいしいこと（右：ナシゴレン）を伝えます。またマレー語の「ナシ」は「ご飯」，「ゴレン」は「炒める」，つまり「焼き飯」であることから，「ご飯はナシ，人はオラン（オラン・ウータンは森の人），お菓子はクエ，死ぬのはマテ！」など，マレー語と日本語の不思議な対照についても紹介します。

図1　マレーシアの様子（写真）

T：この国は，個人的にですが，本当に旅行しやすくて楽しいので，20年くらいの間に3回行きましたけど，行くたびにものすごいスピードで発展していることが感じられます。そのあたりを示したものが下の資料ですが，どんなことが読み取れますか？

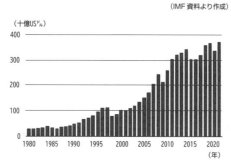

図2　マレーシアのGDP推移

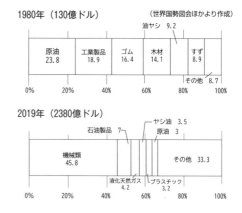

図3　マレーシアの輸出品目の変化

S：GDPの増え方がハンパないですね。私たちが生まれてからでも3倍くらいになってる！

T：そうですね。では右側の資料からはどうですか？

S：1980年は，自然から取れるもの？　原料？

T：そう，一次産品といいます。つまり，その頃のマレーシアには？

S：製品をつくる技術とかがなかった！

T：今はどうなのかな？

S：頑張って，技術をもてるようになったんじゃないですか？

T：う〜ん，なかなかそこは難しいんですよね。とくにこの地域は第二次世界大戦まで植民地だったところが多く，技術力やその裏付けとしての資本，お金の蓄積がなかったので。では，どうやって工業化したんでしょう？　前からそういう蓄積があるところって？

S：アメリカとか，ヨーロッパとか？

T：そう，そういう国々のことを何て言いましたっけ？

S：先進国！

　日本国内の店舗で買ったものであっても，生徒たちが身につけている衣類などの多くが中国をはじめとするアジアの国々で生産されていることはすでに確認済です。そこに上のやり取りを重ねて，アジアの国々の工業化は，日本や欧米など先進国の企業がこの地域に生産拠点を移転させる行動の結果として達成されてきたということに気付かせたいと思います。

　前節で学んだように，企業の生産拠点は人件費の安い地域を目指して移動します。中国の人件費が上昇を続けていることは前述の通りですが，ベトナムやカンボジアなど後発のASEAN諸国の賃金水準は相当に低く抑えられています。このことに加えてアジア各国は「輸出加工区」を整備し，輸入する原料や加工後に輸出する部品や製品を免税にする優遇措置を設け，企

業の進出を促してきました。さらに，先進国にとってはこの地域の政情が比較的安定していることも，移転や投資にあたっての好条件となっています。

以上のように経済成長がつづくアジア諸国では，国民一人あたりの所得が増大したことから電化製品や自動車などの消費が伸び，高層ビルが林立する大都市には人口が集中し商業やサービス業に著しい発展がみられるなど，多くの人々が豊かな生活を享受するようになっています。その一方で，工業化と経済成長の過程において，規制の緩いアジア諸国で先進国企業が排出した有害物質が公害を発生させてしまう「公害輸出」や，経済発展を最優先するために特定の産業や企業を優遇し，道路やダムなどのインフラ整備を強権的に進めるなど，ときに人権弾圧をともなう「開発独裁」といわれる政治体制などが問題となったことも，人々の生活に与えた「負の影響」として知っておく必要があると思います。

5 評価について

定期考査において，授業で示した「GDP推移」や「輸出品目」のグラフに下の資料を加えたものを参照させながら，次のように問い評価します。採点基準は前節と同様とし，A評価の例を以下に示します。

【問い】東南アジア各国の経済成長について，その負の側面にもふれながら200字程度で説明しなさい。**〔思・判・表〕**

ASEAN諸国に進出する日系企業の数

ASEAN加盟国	社数（構成比・%）
ラオス	68社（0.4%）
ミャンマー	286社（1.8%）
タイ	4788社（30.4%）
カンボジア	227社（1.4%）
シンガポール	2821社（17.9%）
マレーシア	1672社（10.6%）
ブルネイ	15社（0.1%）
フィリピン	1334社（8.5%）
インドネシア	2021社（12.8%）

出所：株式会社帝国データバンク「ASEAN進出企業実態調査」より

在アジア日系製造業の作業員・月額基本給
（中央値と平均値の比較，単位：ドル）

国名	中央値（平均値）
タイ（291社）	390ドル（平均：446ドル）
インドネシア（242社）	351ドル（平均：348ドル）
マレーシア（108社）	331ドル（平均：441ドル）
フィリピン（54社）	231ドル（平均：236ドル）
ベトナム（350社）	216ドル（平均：236ドル）
カンボジア（30社）	183ドル（平均：196ドル）
ラオス（14社）	164ドル（平均：160ドル）
ミャンマー（20社）	138ドル（平均：159ドル）

注：カッコ内は有効回答企業数。
出所：2019年度アジア・オセアニア進出日系企業実態調査の個票データより

【解答例】東南アジア諸国では，1970年代以降に工業化が進展し急速な経済成長を遂げた。その背景には，安価な労働力を求めて先進国の企業が進出してきたこと，また受け入れ側も輸出加工区を整備し税の優遇措置などを設けたことがある。これにより国民の生活水準は大きく向上したが，その一方で，進出企業が排出した汚染物質が住民に健康被害をもたらす「公害輸出」や，経済成長を優先する政府が人々の諸権利を弾圧するなどの「開発独裁」が問題となった。（205字）

グローバル化の進展は，人々の生活文化にどのような影響を与えているのだろうか？

1 本単元の主題とねらい

> グローバル化の進展は，人々の生活文化にどのような影響を与えているのだろうか？

　地理の授業では様々な国や地域を扱いますが，アメリカほど日々多くの情報にふれることのできる国は他にはないでしょう。とくに，戦後から現在に至るまでの政治・経済的な関係性を考えると，欠くことのできない，一方で離れたいと思っても決して離れられない，なかなかに複雑な存在であると思わざるを得ません。あらためて私たちの日常生活を見渡してみると，その隅々にまでアメリカ産，アメリカ発の食料や工業製品，各種の文化などが浸透し，アメリカ産業のグローバル化の一部に組み込まれていることに気付きます。ゆえに，「アメリカがくしゃみをすると，日本が風邪をひく」ではありませんが，アメリカを取り巻く環境やその方針の変化によって私たちが大きな影響を受けることは間違いありません。この授業では，生徒たちにとって身近な話題をとおして，アメリカという国をいくつかの視点から眺めてみることで，その成り立ちから現在に至るグローバル国家としての姿を浮き彫りにしてみたいと思います。

2 各時間の問い

第1時
- ・グローバル国家アメリカの特徴にはどのようなものがあるだろうか？〜世界中からやってきた移民がつくった国

第2時
- ・アメリカ農業のグローバル化は人々の生活にどのような影響を与えているだろうか？
　〜農産物輸出大国アメリカと日本

第3時
- ・アメリカ産業のグローバル化は人々の生活にどのような影響を与えているだろうか？
　〜産業構造の転換と格差の拡大

3 単元の指導計画

時	ねらい	学習活動	教師の指導（＊評価）

主題
グローバル化の進展は，人々の生活文化にどのような影響を与えているのだろうか？

問い グローバル国家アメリカの特徴にはどのようなものがあるだろうか？

時	ねらい	学習活動	教師の指導（＊評価）
1	アメリカ発の様々なモノや文化は，グローバルに展開されているが，その背景には世界各地からの移民によって形成された多民族国家としての多様性があることに気付かせる。	・グループ対抗で，アメリカに関する語句を出し合い，ビンゴゲームをする。 ・「沈没船ジョーク」をもとにしたクイズにチャレンジする。グループで，資料中に当てはまる国名を考える。 ・「アメリカ人ってどんな人」の問いに対し，各自がイメージする「アメリカ人」を絵に描き，見せ合う。 （どんな様子の人を描いたとしても「アメリカ人」）	・出てきた語句について説明を付け加える。 ・解説をしながら，「アメリカンドリーム」や「フロンティアスピリット」にふれる。 ・アメリカが世界各地からの移民によってつくられたことを確認し，今後の人種・民族構成割合の見通しにもふれる。 ＊アメリカが世界各地からの移民によってつくられた多民族国家であり，その多様性を強みとして発展したことを理解している。

問い アメリカ農業のグローバル化は人々の生活にどのような影響を与えているだろうか？

時	ねらい	学習活動	教師の指導（＊評価）
2	世界有数の農業大国であるアメリカでは，利潤を目的とした合理的・企業的な経営が行われ，世界に大きな影響力をもっていることを理解させ，それに依存する日本の食生活の在り方についても考えさせる。	・導入として「思い出の給食」について話し合う。 ・教師が提示する「1日の食事メニュー」が何を示すものか考える。 ・依存の程度を予測する。 ・アメリカ農業の目的とするところを考え，答えを出す。	・日本の学校給食は，アメリカによる食料援助が始まりであることを確認する。 ・日本の国内生産のみの「1日の食事メニュー」を示す。 ・統計資料により日本の食料供給におけるアメリカ依存度，アメリカ農業の経営規模や輸出に占める割合などを示す。 ・アメリカ農業は，利潤を目的として合理的・企業的に行われていることを確認する。 ＊各種の統計資料から読み取れるアメリカ農業の特質について理解している。

	問い	アメリカ産業のグローバル化は人々の生活にどのような影響を与えているだろうか？	
3	身の回りにあるIT技術などが近年の経済成長の原動力となる一方で，産業構造の変化がもたらしたアメリカ社会の変容について理解させる。	・導入として「インターネットとカーナビ」の共通点について考え，答えを出す。 ・アメリカの会社で知っている名前を出し合う。 ・アメリカの製造業が衰退した理由について考え，答えを出す。 ・近年のアメリカ社会の変容について，知っていることを出し合ってみる。	・インターネット，カーナビどちらも軍事技術が民間に転用されたものが世界標準の技術として用いられている事例について確認する。 ・従来，アメリカ産業の強みは製造業にあったことを，いくつかの企業名とともに紹介する。 ・フロストベルト，サンベルトの現状について確認する。 ＊グローバル化のもとでの産業構造の変化によってもたらされた社会の変容について考察し，表現することができている。

4 授業展開（1～3時）

1 「アメリカ（人）ってどんな国（人）？」を考える（第1時…50分）

　グループに1枚ずつ配られた紙に5×5＝25個のマス目をつくり，相談しながら「アメリカに関すること（人物，食べ物，スポーツ何でも可）」を書き込ませ，ビンゴゲームを行います。一つずつ発表させ，発表したグループは必ず，他のグループも同じワードがあればそのマス目を消すことができます。一列だとすぐに終わってしまうので二列消せたら上がり，リーチ宣言後は，自分たちで上がるのは禁止というルールにしています。生徒たちが選ぶワードは，グローバルに展開するアメリカ産業そのものですので，2，3時間目の伏線にもなります。

　つづいて，早坂隆著『世界の日本人ジョーク集』（中公新書ラクレ）などにもある「沈没船ジョーク」をもとにしたクイズにチャレンジさせます。豪華客船が沈没する際に，船長が各国の人を飛び込ませるために放った言葉が，国民性を表すジョークになっています（例えば，アメリカ人に対しては「飛び込めばあなたは英雄ですよ」と言うなど）。ここからさらに「アメリカ人ってどんな人」を問い，各自がイメージする「アメリカ人」を絵に描いたものを見せ合い，この時間を終えます。

2 アメリカ農業の目的・規模を知ろう（第2時…50分）

　授業のはじめ10分は生徒たちにとっての「思い出の給食」を導入として，日本の戦後の学校

給食が，食糧援助の一環としてアメリカから導入された小麦や脱脂粉乳によって始まったことを確認します。続いて，事前に用意した「1日の食事のメニュー」を生徒に提示します。

T：ある食事のメニューを見せます。これは何を示すものなのか，考えてみてください。

> 【朝食】ごはん茶碗1杯，粉吹きいも（じゃがいも）2個，ぬか漬け1皿
> 【昼食】焼き芋（さつまいも）2本，蒸かしいも（じゃがいも）1個，りんご1／4個
> 【夕食】ごはん茶碗1杯，焼き芋（さつまいも）1本，焼き魚1切
>
> ＋
> 〈2日に1杯〉うどん，みそ汁，〈6日にコップ1杯〉牛乳，〈7日に1個〉玉子，〈9日に1食〉肉類
> 〈3日に2パック〉納豆
> （農林水産省資料より）

S：毎日ずっとこのメニューってことですか？　とても耐えらない……。

T：健康にはとてもよさそうですけどね。これは，日本の食料輸入がストップした場合に，国内で生産できるものだけで考えられたメニューだそうです。なかなか大変だよね。とくにみんなの大好きな肉類はほぼ食べられなくなるけど，国内産の牛や豚，鶏はどこへいっちゃったんでしょうね？

S：もしかして，エサが問題ですか？

T：するどいですね！　その通り，ほとんどのエサが輸入物なんですよ……。

この後，飼料全体の半分近くを占めるトウモロコシを例に話を進めます。図1〜3にあるように，日本のトウモロコシの輸入先は約7割がアメリカ，約3割がブラジルでほとんどをこの2か国に依存していることがわかります。ちなみに，輸入されるトウモロコシの3分の2程度は飼料用です。次に生産と輸出に占める割合についてですが，アメリカはともに3割を占め，世界最大を誇ります。生産では2位に入る中国が，輸出ではランキングに入らないのと対照的です。この傾向は小麦や大豆においても変わらず，このことからアメリカの農業は自給というよりも輸出を，つまり売ってもうけることを目的として行われていることがうかがえます。

これは，アメリカ農業の規模や経営の在り方からも読みとることができます。アメリカの農業従事者1人当たりの農地面積は世界有数の180ha（日本は2ha），遺伝子組み換え作物の導入などバイオテクノロジーや，機械化を通じた合理的・企業的経営が徹底さ

図1　日本のトウモロコシの輸入先と割合 (2019年)

その他 2.5 ／ アメリカ 69.3 ／ ブラジル 28.2

図2　世界のトウモロコシ生産 (2018年)

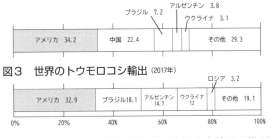

ブラジル 7.2　アルゼンチン 3.8　ウクライナ 3.1
アメリカ 34.2　中国 22.4　その他 29.3

図3　世界のトウモロコシ輸出 (2017年)

ロシア 3.2
アメリカ 32.9　ブラジル 18.1　アルゼンチン 14.7　ウクライナ 12　その他 19.1

0%　20%　40%　60%　80%　100%

いずれも，「2021　データブック　オブ・ザ・ワールド」より

れています。さらに，種子や肥料，農薬の提供から農作物の貯蔵，運搬，加工や販売網の確保等に至るまでのアグリビジネスをグローバルに展開する穀物メジャーの存在も大きな特徴です。

一方で，問題点も指摘されています。例えば，乾燥地域に広がる緑の円形の農地を写真などで見かけることがあります。これは，汲み上げた地下水を360度回転するスプリンクラーで撒

くセンターピボットという農法ですが，以前から地下水の枯渇が懸念されています。このほかにもバイオ燃料としてのトウモロコシの需要増など，アメリカの国内事情が世界の人々に与える影響は決して小さくないことから，私たち自身も自国の農業や食料供給の在り方についてよく考えておく必要があるのではないかと思われます。

3 産業のグローバル化のもとで，アメリカ社会はどう変わったのか？（第3時…50分）

　はじめの10分は，生徒たちにとっても身近なインターネットやカーナビ（GPS）を導入として，「単元の指導計画」にあるようにアメリカ発の軍事技術が民間に転用され，世界標準の技術として用いられている事例について確認します。続いてアメリカの会社で知っている名前を出し合うよう指示します。

　　T：次に，皆さんが知っているアメリカの企業，会社の名前をあげてみてください。
　　S：Google！　Apple！
　　T：やっぱり，そのあたりですね。それぞれの頭文字をとってGAFAといったりしますが，あと二つどことどこですか……？　そう，FacebookとAmazonですね。
　　T：他にもUSスチールとか，フォード，GM（ゼネラルモーターズ）なんて知りませんか？
　　S：？？？

　今を時めくICT企業の名はすぐに出てきますが，アメリカを世界最大の工業国に押し上げた鉄鋼や自動車産業に関する名前はなかなか出てこないようです。

　　T：まあ，そうだよね。今の若者たちは，車に興味がないというし……。でも，それだけではなくて名前が出てこないのは，アメリカの鉄鋼や自動車などの会社がもうからなくなったからなんですよ。なぜだと思いますか？　最近の授業内容，とくにヨーロッパや東南アジアの単元を思い出して考えてみましょう。周りと相談してみて……。

　これまでの授業が頭に入っている生徒は何とか答えを出せそうですが，そうでなくても「国全体としては，アメリカは豊かですよね？」「豊かな国の賃金は？」「その国でつくられる製品の値段は？」というように問いをつなげることで，彼ら自身の力で正解に辿り着いてほしいと思います。さて，アメリカにおける鉄鋼や自動車などのいわゆる重工業は，北東部の五大湖から大西洋岸周辺の鉄鉱石や石炭などの資源に恵まれた地域を中心に発展してきました。しかし，第二次世界大戦後は西ヨーロッパ諸国や日本，近年では中国の発展にともなって競争力を失い，相次ぐ生産拠点の閉鎖や失業者の増加によりフロスト（凍りついた）ベルト（スノー〔雪〕ベルト，ラスト〔錆びついた〕ベルト）とよばれるようになりました。これに対して，1970年代以降になるとICT，航空宇宙，バイオなどの先端技術産業が，その温暖な気候や広大な用地，安価な労働力を求めて北緯37度以南のサンベルトに展開し，アメリカの産業，経済をけん引しています。生徒たちから名前があがったようなGoogleなどのICT関連企業が集積する，カリフォルニア州サンフランシスコ近郊のシリコンヴァレーなどが知られています。

T：このようにその国の経済を支える産業分野が入れ替わっていくことを，難しい言葉ですけど「産業構造の転換」といいます。アメリカの場合は，立地する地域からそこに暮らす人口までが北から南へ移動したわけです。さすがにスケールが大きいよね。ただ，北部フロストベルトの人々にとっては「昔はよかったのに，我々は取り残されてしまった……」という感じなんでしょうね。このような人々の不安や不満をすくい取る形でその当時大統領になった人，知ってますか？

S：トランプさん？

T：そうですね。彼は選挙運動の中で盛んに「アメリカを再び偉大な国に」と訴えていましたが，具体的には，中国などとのグローバルな競争の中で失われていったアメリカ製造業の地位，つまり北部の人々の雇用を取り戻すということでした。それに加えて，移民に対して厳しい政策をとり，人種差別的な動きについても黙認したとして，アメリカ国内に分断をもたらしたと批判されることも多かったですね。

5 評価について

定期考査において，1・2時の内容についての以下のように出題しました。

【問1】下表はハワイ州，ニューメキシコ州，ミネソタ州，ミシシッピ州いずれか（右図参照）の人口における人種・民族の割合を示している。それぞれの州に該当するものを①〜④から選び，答えなさい。〔知・技〕

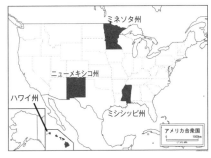

	白人	黒人	アジア系	その他	ヒスパニック
①	83.8	7.0	5.2	4.0	5.6
②	59.1	37.8	1.1	2.0	3.4
③	25.5	2.2	37.6	34.7	10.7
④	81.9	2.6	1.8	13.7	49.3

『2021 データブック オブ・ザ・ワールド』より

＊ヒスパニックは人種の区分ではなく，スペイン語系の人々をいう。
数字は，州人口に対する割合を示す。

【解答】①ミネソタ州　②ミシシッピ州　③ハワイ州　④ニューメキシコ州

【問2】右図は，アメリカ，エジプト，日本，バングラデシュいずれかの農林水産業従事者一人当たりGDPと農林水産業従事者割合を示している。それぞれの国に該当するものを①〜④から選び，答えなさい。〔知・技〕

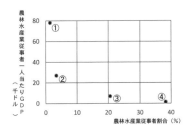

【解答】①アメリカ　②日本　③エジプト　④バングラデシュ

地球環境問題の現状と対策には，どのようなものがあるだろうか？

1 本単元の主題とねらい

地球環境問題の現状と対策には，どのようなものがあるだろうか？

　地理の授業では様々なテーマや地域について扱いますが，教える側として正直難しいなと思うものの一つが「地球環境問題」です。中学校段階までにある程度の内容については学習しているので，個々の事象の原因や対策について系統的な説明をしても生徒たちの興味を引くことは難しいと思いますし，単純に意見を書いてもらったとしても優等生的な発言に終始しそうです。貴重な資源や環境を子孫に残さなければという「世代間公正」について反対する人は，おそらく存在しないだろうと思われます。しかし，経済格差が問題となる一方で，誰もが豊かに便利に暮らしたいと願っている今の世界の利害調整，「世代内公正」を図ることは相当に困難な営みであり，この問題の難しいところです。

　今回は，まずフォトランゲージのアクティビティや，身の回りにあふれるパーム油の話から受ける意外性やインパクトをとおして，少し異なる視点から環境問題を意識，あるいは印象に残してもらうことをねらいとしました。次に，熱帯林開発の様々な事例を示し，これらについてランキングの手法を用いた生徒個々の評価とグループ内の合意形成を行わせました。形としては合意を目指すものの，ある結論に到達することを目標とはしていません。

2 各時間の問い

第1時
　・世界各地にはどのような環境問題がみられるだろうか？〜フォトランゲージで考えてみよう！

第2時
　・熱帯林の開発はどこまで許容すべきだろうか？〜ランキングで考えてみよう！

3 単元の指導計画

時	ねらい	学習活動	教師の指導（＊評価）
	主題 地球環境問題の現状と対策には，どのようなものがあるだろうか？		
	問い 世界各地にはどのような環境問題がみられるだろうか？		
1	写真の隠された部分を想像し，楽な雰囲気でお互いの意見を出し合いながらも，問題の深刻さの一端にふれ，学習の動機付けとさせる。	・グループごとに，配付された写真の見えている部分について，何が読み取れるのか話し合い，付箋に書き，貼り付ける。 ・教科書等を参考にして発表の準備をする。 ・1グループ1，2分程度で発表をする。	・写真パネルを配付し，話合いの様子を見ながら，めくるタイミングを指示する。 ・写真が訴えている問題の原因や解決策などについて発表をするための準備を指示する。 ＊環境問題の現状と対策にはどのようなものがあるのか理解している。
		・教師が提示した商品の共通点について考え，答えを出す。	・身の回りにある様々な商品等を示し，共通して使われているものが何かを問う。 ・マレーシアにおける油ヤシプランテーションの様子を示し，現状について確認する。
	問い 熱帯林の開発はどこまで許容すべきだろうか？		
2	身近な商品の原料が，熱帯林破壊の原因の一つとなっていることに気付かせ，開発における世代間と世代内の公正について，自分自身の意見をもてるように考えを深めさせる。	・「熱帯林の開発はどこまで許せるのか」についてグループごとにダイヤモンドランキングに取り組む。 ・グループ内で振り返りをして，各自の意見や感想を書く。	・ランキングのやり方について指示をする。 ・振り返りの内容について指示をする。 ＊熱帯林の開発を事例に，世代間と世代内の公正について考え，意見を表明することができている。

4 授業展開（1・2時）

1 これは何の写真？（第1時…50分）

T：今日は，1時間グループワークをやります！　机をくっつけてくださいね。各グループから一人ずつ，資料を取りにきてください。さて，それぞれのグループには，違う写真が

配られています。この後，私の指示で相談してもらった後に，みんなの前で発表してもらうからそのつもりでいてくださいね……。

　今回のフォトランゲージには，少し仕掛けを加えてあります。図1の左側のA〜C（テープで写真本体と一辺を接着してあります）を徐々にめくることで写真から得られる情報を増やしていき，それぞれの段階でわかったことを話し合い，付箋に書き出し貼り付けるというものです。意外性やインパクトのある写真をどれだけ探せるか，が勝負所かなと思います。下の写真は，UNICEFのホームページから見つけました。巨大なサイクロンの被害を受けたフィジーの子どもたちの様子です。ただ，すべてに異なる写真を用意することはなく，同じ写真をそれぞれのグループがどう解釈するのかを比べてみるのもありかもしれません。

　T：写真の一部が紙で隠されていることがわかると思いますが，まずはそのままで，明らかになっている部分だけを見て，これは何の写真なのか，何を訴えたいのかを予想してみましょう。出てきた意見は配った付箋に書き出して，Aの紙に貼りましょう。

　S：学校？　　　S：図書館？　　　S：何か，つまんなさそうな顔してるね……。

　T：はい，ではAの紙をめくってください。意見の付箋はBに貼りましょう。

　S：ぐっちゃぐちゃだね。もっと片付けなさいよ。　　　S：アンタもだけどね……。

　T：次はBの紙をめくってください。意見の付箋はCに貼ります。

　S：あれ，何か変だよ。　　　S：柱が倒れてるから，地震……？

　T：最後はCをめくって（Cは横幅すべてを隠した状態です）ください。

　S：あれー？　空が青いよ！　　　S：何これ，どういうこと……？

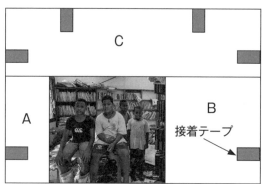 

©UNICEF/UN0396379/Stephen/Infinity Images「画像提供：日本ユニセフ協会」
図1　フォトランゲージ資料（写真）

　この後，写真は環境問題についてのものであることを伝え，教科書等を参考に①どのような問題か，②何が原因とされているか，③解決方法にはどのようなものがあるのか，についてまとめ，1，2分程度で全員に写真を示しながら説明できるよう準備をさせます。発表後私の方から簡単にコメントし，勘違いや事実の誤認があれば指摘します。

2 ここにも，そこにもパーム油？（第2時…20分）

　T：今から教卓の上に色々なものを並べますからね，よく見てくださいね（ポテトチップス，

チョコレート，アイスクリーム，カップ麺，パン，石けん，シャンプー，化粧品……）。
この商品のすべてに共通して使われている原材料があります。それは一体何でしょう？

　S：ということは石けんやシャンプーに使われているものを食べているってことですか？

　並べた商品の原材料表示欄には，「植物油」や「植物油脂」といったものが共通して記載さ
れています。これらの原料の多くは，パーム油であると考えられます。パームとは「ヤシ」の
ことですが，ヤシには色々な種類があります。我々がおもにイメー
ジするヤシはココナツがなる「ココヤシ」だと思いますが（ココナ
ツからも，ココナツ油がとれます），パーム油は同じヤシでも「油
ヤシ」の実や種を搾ってつくられます（図2）。日本の家庭におい
て，調理用の油として使われるのは菜種油や大豆油ですので，パー
ム油そのものを商品として見かけることはありません。

図2　油ヤシの実

　先にあげたように多くの商品に使われている理由は，無味無臭でメーカーにとって扱いやす
い，生産量が他の油に比べて圧倒的に多い（＝安い）ことなどです。生産地は，高温多雨の熱
帯気候区に限定されますが，年間7000万トン前後の生産量のうちインドネシアが約4000万トン，
マレーシアが約2000万トンと，この2カ国だけで9割近くを占めています。

　T：（スライドを見せながら）私がマレーシアに行ったときの写真（図3）です。マレーシ
　　アは飛び地の国なので，「マレー半島」と「ボルネオ島」に国土が分かれています。この
　　ときはボルネオ（カリマンタン）島というところに行きました。絵に描いたような熱帯雨
　　林がたくさんありますが，ここはオラン・ウータンの保護区（左，左中は入口にあった
　　像）です。

図3　マレーシアの様子（写真）

なぜオラン・ウータンを保護するかというと，それは熱帯林の開発によって住む場所を追
われてしまったからなんです。開発にも色々ありますが，その一つが油ヤシ農園です。私
が行ったところは，農園（右中）と油を搾る工場（右）が一緒になった大規模な施設でした。

　このように，油ヤシ農園の開発は熱帯林や貴重な動植物の生きる場を奪うということの他に，
この地域に広がる泥炭地（動植物の死骸が分解されないまま積み重なった土地）を農園に変え
る際に水を抜いたり，焼き払ったりすることによって大量の温室効果ガスを排出してしまうと
いう問題点も指摘されています。一方で，油ヤシを栽培しこれを加工したヤシ油の輸出によっ
て得られる利益は地域に豊かさをもたらし，住民の生活水準は大きく向上したと言われていま

す。また，世界で生産されている各種の植物油において，ヤシ油は約4割を占めています（重量ベース）。油ヤシは，単位面積当たりの収穫量が大豆など他の植物種に比べて圧倒的に多いことから，経済発展が著しい中国などの需要が大幅に増加している現在，その代わりとなるものを調達することはきわめて困難と言わざるを得ません。

③ 熱帯林の開発，どこまで許せる？（第2時…30分）

T：先ほどの話も含めて，皆さんは熱帯林の開発をどこまで認めることができますか？
また，このような問題には，貴重な資源や環境を子孫に残さなければならないという「世代間の公正」と，現在の世界における経済格差，貧富の差をなくすべきであるという「世代内の公正」という二つの考え方があります。どちらをどの程度優先するのかということについても，人それぞれ考え方が違いますよね。そのあたりを確認するアクティビティをやってみましょう。

　ここで，「ダイヤモンドランキング」を用いて，生徒それぞれの意見の表明と合意形成を試みます。各グループに「熱帯林を開発する事情」について書かれたカードを9枚と，それを貼り出すための台紙を配ります。台紙には，上位から1，2，3，2，1枚ずつのカードを並べて貼るための枠線が描かれています（図4）。カードの内容を以下に示します。

【薪炭】 世界の人口の3分の1は，暖房や調理に薪を使っています。その多くは，現地に住む決して豊かとはいえない人々です。	【木材】 マホガニー，チーク，ラワンといった木材は，家屋や家具をつくるために日本をはじめとする先進各国へ輸出されています。	【医薬】 マラリアの治療薬として使われる物質キニーネのように，薬品の成分となるものの多くが熱帯林からもたらされています。
【電力】 水量が豊富な熱帯地方の河川には，多くのダム建設が予定されています。つくられた電力は，地域の産業に使われます。	【輸送】 農産品，木材，鉱物などの輸送をするために，地域によっては数千キロに及ぶ道路や鉄道建設のために熱帯林が切り開かれています。	【採鉱】 金，鉄，スズなどの鉱物の多くは熱帯林地域で産出されますが，同時に毒性のある物質が副産物として環境中に放出されるなどの問題があります。
【食料】 バナナやコーヒー，カカオなどの商品作物，ハンバーガーショップで使われる牛肉の生産のために熱帯林が切り開かれています。	【紙】 世界の人々が必要とする紙をつくるために，莫大な量の木々がパルプ材として伐採されています。	【衣食住】 先住民にとっては，身に付けるもの，薬や食料，家や舟の材料など，生きるために必要な多くのものをもたらしてくれます。

　はじめに少し時間を取って，自分自身がどう考えるのか，そのランキング（ここでは「優先されるべき順」とします）を決めさせます。その後，話し合いながらグループとしてのランキングをつくっていきますが，やり方はとくに指示していません。黙って見ていると，一人ずつ意見を言わせている，順位の枠ごとにどのカードを選んだのかを報告させているなど，グループ

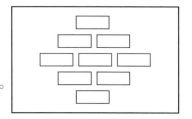

図4　ランキング台紙

によって個性が出ます。ただ，単純に多数決を取ったりしないようにということだけは注意し

ています。

　終了後には，作成したランキングについて，世代間公正と世代内公正の視点から，あるいはこの開発によって利益を得るのは誰なのかといった点からの振り返りを行い，各自の考える解決策や意見，感想を提出してもらいます。その際，グループによる話合いの前にも書かせておくと，活動をとおした生徒の認識の変容を読み取れることもあります。高校生は基本的に純粋ですから，上位に「衣食住」や「薪炭」など現地の人々の生活に資するもの，次に公共性がありそうな「医薬」や「電力」，「輸送」，最後に先進国で消費される「木材」，「食料」などをおく傾向があります。しかし，細かいところでは人による違いが出ますし，「採鉱」や「紙」などで現地に雇用を創出して生活水準を向上させるべき，などと力強く主張する生徒がいてくれると議論が盛り上がります。生徒たちの感想からは，「人によってこんなに考え方が違うとは」，「社会問題について合意をすることは本当に難しい」など困難さとともに，「話し合うことは楽しい」，「色んな面から考えられた」など前向きに捉えている様子がうかがえます。

5　評価について

　定期考査において以下のように出題しました。

【問い】次の各文は，地図中の地域A〜Cにおける環境問題のいずれかについて説明したものである。それぞれに該当するものを選び，答えなさい。〔知・技〕

①綿花生産のための灌漑事業が原因となり，広大な湖が干上がったこの地域では，周辺地域の雨量の減少によって砂漠化も進行している。

②もともと降水量が多くはなかったこの地域では，近年の地球温暖化が原因と思われる干ばつや森林火災が頻発するようになっている。

③サヘルとよばれるこの地域では，気候変動による干ばつと人口増加による土地の過剰利用のために熱帯林が消失し，砂漠化が進行している。

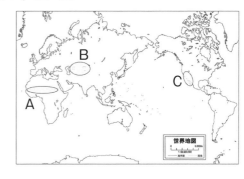

【解答】　①B　②C　③A

　また第2時の「意見，感想」については下に示す基準により評価しました。〔思・判・表〕

評価の段階	評価の基準
A：十分満足できる	Bに加えて，世代間・世代内公正の観点から，自分なりの解決策を示すことができている。
B：おおむね満足できる	複数の視点から，自分なりの解決策が示されている。
C：努力を要する	解決策に言及がなく，「日本に生まれてよかった」のような短絡的な内容に終始している。

10　世界の資源・エネルギー問題の現状と対策には，どのようなものがあるだろうか？

1　本単元の主題とねらい

> 世界の資源・エネルギー問題の現状と対策には，どのようなものがあるだろうか？

　世界の人々は皆，何らかの形で資源，とくにエネルギー資源に依存して生活しています。ただし，その生産，消費や供給には地域的な偏りがあり，決して公平・公正な利用がなされているとはいえません。また，石油等の「枯渇性エネルギー」の利用には限りがあることから，「再生可能エネルギー」への期待が世界的に高まっています。

　このように資源・エネルギーとは，きわめて日常的な話題である一方で，世界各国の政治的な駆け引きや対立，時には戦争の火種となり，我々の生存に関わる大問題に発展することも少なくありません。しかしながら，資源・エネルギーには日々お世話になっているにもかかわらず，モノとしては非常に見えにくい特性があり（例えば，「電気」は目に見えないし，どのようにつくられているのかも想像しにくい），授業の上では語句や概念の解説や，産出地の確認など，生徒にとっては受け身の授業になりがちです。

　ここでは，前半についてはグループワークで例題を解きながら現在の概況についての理解を促し，後半についてはディベートをとおしてエネルギー問題における我が国の針路について主体的に考え，判断し，自分の意見を表現させる機会としたいと思います。

2　各時間の問い

第1時
　・世界のエネルギー資源は公平に利用されているだろうか？〜産出と消費の偏りを知ろう！

第2時
　・持続可能な社会に向けたエネルギーの利用とはどのようなものだろうか？〜再生可能エネルギーの利用について話し合おう！

3 単元の指導計画

時	ねらい	学習活動	教師の指導（＊評価）
主題 世界の資源・エネルギー問題の現状と対策には，どのようなものがあるだろうか？			
	問い 世界のエネルギー資源は公平に利用されているだろうか？		
1	世界のエネルギー資源の産出と消費には，地域的な偏りがあり，公平・公正な利用がなされているわけではないことに気付かせる。	・石油の「可採年数」「世界の一次エネルギー消費量の推移」「一次エネルギー」と「二次エネルギー」の違い，等について，資料を読み解き考える。 ・「主な国のエネルギー資源の産出・消費量」，「主な国の電源構成割合」等に関する例題を，グループで考え，答えを出す。	・エネルギー資源について，その定義や世界的な消費の傾向について説明する。 ・エネルギー資源の産出・消費における地域的な偏り，国による電源構成の特徴について説明する。 ＊既習事項を用いて，グラフ等の資料からその傾向や特徴について読み取ることができている。 ・次時のディベートに向けて，①再生可能エネルギー，②石油・石炭など化石燃料，③原子力のそれぞれについて，メリットとデメリットを調べ，ノートにまとめさせておく（宿題）。
	問い 持続可能な社会に向けたエネルギーの利用とはどのようなものだろうか？		
2	エネルギー問題における我が国の針路について，主体的に考え，判断し，自分の意見を表現させる。	・同じ立場の生徒同士で集まり，「宿題」で調べてきたことを共有し，ディベートの準備をする。 ・ディベートを行う。 ・ワークシートをまとめる。	・グループ分け，準備の仕方について指示する。 ・ディベートの様子を観察し，適宜アドバイスをする。可能な限り，メモを取るように指示する。 ・ディベートをとおして，あらためて自分の立場について考え，表現するよう伝える。 ＊テーマについて，主体的に考え，判断し，自分の意見を表現することができている。

4 授業展開（1・2時）

1 エネルギー資源とは？（第1時…20分）

T：（「石油　　　50年」と板書）今回は、ちょっとしたクイズから。これ、どういうことだ
　と思います？　周りの人と考えてごらん。

S：（「何？」「消費期限？」「発見されて50年？」など……）

T：ではですね、こうすると？（「50年」の手前に「あと」を書き加える）

S：あと50年……？　しかもたない、使えないってこと？

T：そうです。これは、現在確認されている資源の量を、その年の生産量で割ったもので
　「可採年数」といいます。

S：えーっ！　じゃあ私たちが生きている間になくなっちゃうんですか？

　可採年数は、新たな資源の発見や、需要の減少による生産減など様々な理由で長くなる傾向
にありますので、「50年」でなくなるわけではありません。30年ほど前の可採年数が約「40年」
であったことを伝えると理解できるでしょう。とはいえ、無限に存在するものでないことも
あわせてわかってもらいたいところです。

T：（プリントか、スライド投影で図1を示す）

　この資料を見ると、この50年くらいの
　間に世界で使われているエネルギーの
　量が3倍くらいになっていることがわ
　かりますね。大変なことだ。とくに、
　色が付いているところだけど、世界の
　どのあたりだと思う？

S：やっぱり、中国とかインドですか？

T：そうです。3倍どころじゃないよね。
　ざっくり「アジア太平洋地域」という
　ことになっているけどね。ところで、
　題名に「一次エネルギー」ってあるけ

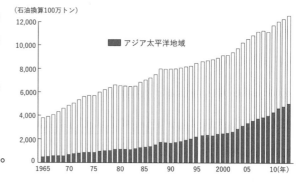

図1　世界の一次エネルギー消費量の推移
（『データでわかる　世界と日本のエネルギー大転換』より作成）

ど、何のことだと思います？「一次」があれば「二次」もあるんですが、その違いは何？
また、周りと相談してみよう。

　日本の高度成長期とも重なる1960年代後半には、全世界のエネルギー消費量の約7割を先進
諸国が占めていましたが、近年は4割程度にまで低下しています。となると、この間に増加分
の多くは途上国が消費しているともいえます。今後のさらなる人口増や経済発展を考えると、
地球環境等、様々な面での影響には計り知れないものがあります。

　また、一次エネルギーとは、石油、石炭など自然界にそのままの形で存在するもので、二次

エネルギーはそれを加工してつくられた電力，ガソリンなどのことをいいます（ただし，水力や原子力によってつくられた電力は「一次」に含まれます）。ここで，二次エネルギーとしての「電力」の使い勝手の良さについて，「給油しないと動かないスマホとか，困るよね」などと言っておくと2時間目につながるかなと思います。

2　国や地域による特徴は？（第1時…25分）

　次に示す【問1・2】をプリントしたものを配付し，グループで相談して答えを出すように指示します。「センター試験」や「共通テスト」風のものですが，細かい知識を問うというよりは，既習事項や普段からテレビ番組などで目にすることなどを使って解けそうなものですので，ちょっと得意な生徒を中心にグループワークを成立させ，概略をつかませるためには有効であるように思います。農業の単元などでも使う方法です。

A	国 （2019年）	産出量 （億㎥）	国 （2019年）	消費量 （億㎥）
1位	アメリカ	9,548	アメリカ	8,782
2位	ロシア	7,499	ロシア	4,848
3位	イラン	2,317	中国	3,038
4位	中国	1,775	イラン	2,119
5位	カナダ	1,767	カナダ	1,214

B	国 （2018年）	産出量 （万t）	国 （2018年）	国内供給量 （万t）
1位	アメリカ	54,210	アメリカ	82,334
2位	ロシア	52,332	中国	62,952
3位	サウジアラビア	51,415	ロシア	26,116
4位	イラク	22,440	インド	26,022
5位	中国	18,911	韓国	15,245

【問1】
　表A～Cは，石油（原油），石炭，天然ガスいずれかの産出量と消費量の国別順位を示している。A～Cに該当するものをそれぞれ答えなさい。

（『世界国勢図会　2021/22』より）

C	国 （2018年）	産出量 （万t）	国 （2018年）	消費量 （万t）
1位	中国	369,774	中国	394,848
2位	インド	72,872	インド	95,825
3位	インドネシア	54,800	アメリカ	24,435
4位	オーストラリア	41,093	南アフリカ共和国	18,584
5位	ロシア	35,861	日本	18,502

【問1】，Aは全体の4割をシェールガス（地下深くの頁岩層から採取される）開発が進んでいるアメリカと，埋蔵量が世界最大であるロシアで占めていること，量の単位などからも天然ガスと判断します。Bは産出国にサウジアラビアやイラク（埋蔵量も世界屈指）が含まれ，消費国の1位が一人あたりの原油消費量が世界最大のアメリカであることから石油，Cは一次エネルギーとして利用する量が多い中国とインドが上位を占めていることや，重量が大きいことなどからも石炭であることがわかります。また，教科書や地図帳の資料などを用いて，エネルギー資源の消費，とくに一人あたり消費量については現在も先進国が圧倒的に多く，偏りがあることなどにもふれたいところです。

【問2】
　下図は，主な国の電源構成割合を示している。A～Cは，日本，ドイツ，フランスのいずれかである。A～Cに該当する国をそれぞれ答えなさい。
（『再生可能エネルギー』には，水力，バイオエネルギー，地熱，風力，太陽光を含む）

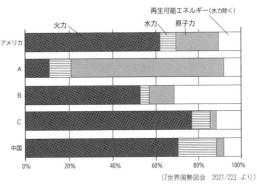

（『世界国勢図会　2021/22』より）

次に【問2】ですが、A国は、7割近くを原子力が占めていることからフランス、B国は再生可能エネルギーの割合が半分に近いことから、環境先進国といわれるドイツ、C国は、東日本大震災以後にほとんどの原発がストップした分が、石炭や天然ガスなど火力にシフトした日本となります。

❸ 「再生可能エネルギー」は、どこまで利用可能か？ （第2時…45分）

　後々の世代にわたって、安定的・持続的なエネルギー資源の利用を可能にするためには、どのような方法が考えられるでしょうか？　世界的には、ヨーロッパ諸国を中心に再生可能エネルギーへのシフトが進んでいますが、日本の取り組みが遅れていることは明らかでしょう。温室効果ガスの削減目標や原子力発電の是非など、この問題を考えるにあたってはいくつかの視点があると思われますが、ここでは前時に扱った問2のグラフ「主な国の電源構成割合」に関連させて、「日本は、再生可能エネルギーの利用割合を50％以上にすべきである」をテーマとするディベートをとおして、エネルギー問題における我が国の針路について考えさせたいと思います。ディベートとは、①あるテーマ（論題）について肯定・否定の立場に分かれ、②あらかじめ決められた進行ルールのもとで、③具体的な根拠をあげながら議論を戦わせ、④最後に判定で勝ち負けを決める、というゲーム的な討論です。

　私も、始めた頃はクラスを8班程度に分け、うち2班がディベートを行い、残り6班が審判役（聴衆）というサイクルを4回にわたって……というように、生徒全員に人前でのディベートを経験させていました。しかし、一度だけではなかなか要領がつかめない、だからといって全員に二度三度やらせるとなると、とても授業時間が足りません。というわけで、最近は「判定で勝ち負けを決める」ことにはこだわらず、その時間にクラスの全員が班ごとに討論をする、いわゆる「マイクロ・ディベート」を行っています。

　さて、この実践ではディベートに必要な情報については、「宿題」としてすでに準備されているということにします。「宿題」の内容は、①再生可能エネルギー、②石油・石炭など化石燃料、③原子力のそれぞれについて、メリットとデメリットを調べ、ノートにまとめておくこと、です。

　T：ディベートを行う前に、班と立場を決めますね。4人班をつくって机を向かい合わせにしてください。正面に向かって左側の二人が「肯定（再生可能エネルギー割合を50％以上にすべき）」、右側の二人が「否定（それは無理）」とします。

　S：えーっ、オレ、否定派なんだけど！

　T：ディベートは、どちらの立場になっても説得力をもって話せなきゃいけません。頑張れ。
　　　次に、みんな宿題として準備をしてきたと思いますが、同じ立場の人で情報を共有し、どんな主張をするか考えるための時間を取ります。今から5分間、「肯定」の人は教室の窓側半分、「否定」は廊下側半分のスペースに集まって作戦会議です。はい、すぐ移動！

　この後は、①立論（なぜ、肯定〔否定〕なのか根拠をあげて説明）を1、2分ずつ、②作戦

タイム２回目（相手の主張のどこに質問，反論をするか）３～５分，③討論（「否定」→「肯定」とその逆）７，８分ずつ，というタイムテーブルのもとで，全員がそれぞれの班の中でディベートを行います。それなりにうるさくなりますし，すべての班の話の内容を把握することもなかなか難しいところですが，生徒の方は何回か経験すればこの方法に慣れ，スムーズに話合いが進むようになります。このように，「聞き役」をつくらず，全員がすべてのテーマについて考え，話をすることを優先しています。

　この時間の始めに，ワークシート（記録用紙）を配付しておきます。これには，(1)ディベート実施前にはテーマについてどう考えていたか（肯定，否定その理由），(2)ディベートの記録，(3)実施後，あらためてどう考えるか，について簡単にまとめさせます。真面目な生徒ほど，(2)の記録を取ることに一生懸命になりすぎてしまいますので，ほどほどでいいよと伝えます。それほど多くはありませんが，(1)と(3)で立場が変わる生徒もいます。社会問題を考えるにあたっては，他者とのコミュニケーションが重要であることをあらためて感じます。少し時間を取って書かせた(3)については，「思考・判断・表現」の評価をA～Cの３段階で行います。

5　評価について

　定期考査において，以下のような出題をしました。生徒たちの学力にもよりますが，高校段階では図表を読み取る力もつけさせたいところですので，授業で扱った表の穴埋めや，資源名をそのまま答えさせるような出題は避けるように心がけています。グラフ（散布図）は，第１時のグループワークで使用した問１の資料をつくりかえたものです。

【問い】下図は，2018年の中国，アメリカ，イラクにおける石油（原油）の産出量と国内供給量を示したものである。それぞれに該当するものをX～Zから選び答えなさい。〔知・技〕

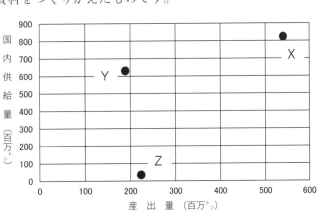

【解答】X…アメリカ（国内供給量，産出量ともに多い）
　　　　Y…中国（国内供給量に比して，産出量が不足）
　　　　Z…イラク（産出量に比して，国内供給量が少ない）

11 世界の人口問題の現状と対策には, どのようなものがあるだろうか?

1 本単元の主題とねらい

> 世界の人口問題の現状と対策には, どのようなものがあるだろうか?

　日本における数ある社会問題の中でもかなり深刻といえるものが人口問題, 具体的には少子高齢化にともなう人口減少ではないでしょうか。国政選挙の争点の一つにもあげられてはいるものの, とくに都市部の住民にとってはまだ現実としてイメージしにくいのかもしれません。しかし, すでに日本の人口は2008年をピークとして減少に転じており, 2100年に向けてほぼ半減していく予測が出されています。生徒たちが社会の中心を担い活躍する時代と重なることは, 間違いありません。

　他方, 近隣の人口大国である中国との関係も大きな課題です。中国は, 輸出入ともに日本の最大の貿易相手国として経済的な相互依存関係にあります。その一方で, 日本近海や南シナ海における中国艦船の動き, 香港やウイグルにおける人権状況などをめぐり, 政治的な緊張が高まっています。このような国際関係を理解する上で, 広大な国土に世界最大の14億を超える人口を抱える中国の状況を知っておくことには意味があるのではないかと考えます。

　授業では, まず人口ピラミッドの読み方や人口転換モデルなど, 人口問題の基本的な事項を確認ながら日本の人口問題について考えます。次に中国の人口ピラミッドを読み取ることから, 今後の中国との関係の在り方について考えさせたいと思います。

2 各時間の問い

第1時

　・世界各国における人口構成はどのように変化してきたのだろうか?～どこの「国」の人口ピラミッド?

第2時

　・人口大国・中国は今後どうなっていくのだろうか?～人口問題をとおして中国の動きを読み解く

3 単元の指導計画

時	ねらい	学習活動	教師の指導（＊評価）
主題 世界の人口問題の現状と対策には，どのようなものがあるだろうか？			
問い 世界各国における人口構成はどのように変化してきたのだろうか？			
1	人口ピラミッドの形状の違いは国によるものだけではなく，社会の発展段階という時間の経過を示すものでもあるということに気付かせる。また，日本の人口ピラミッドの読み取りをとおして，今後予想される社会課題についても考えさせる。	・教師が示すピラミッドについて，どこの国のものか考え，答えを出す。 ・本時の内容についてまとめる。	・日本における時代ごとの人口ピラミッドについて問う。 ・人口転換とそれぞれの時期における人口ピラミッドの形状について確認する。 ・日本の人口ピラミッドの読み取りについて問う。 ＊人口転換とそれぞれの時期における人口ピラミッドの形状や特徴について理解している。
問い 人口大国・中国は今後どうなっていくのだろうか？			
2	中国の人口ピラミッドの読み取りをとおして，戦後の歩みと人口問題のかかわり，「一人っ子政策」の功罪について確認する。その上で，中国の行動を読み解き，日本との関係の在り方についても考えるきっかけとする。	・教師が示すピラミッドについて，どこの国のものか考え，答えを出す。 ・戦後の中国の歩みと人口問題のかかわり，「一人っ子政策」について考える。 ・本時の内容についてまとめる。	・中国の人口ピラミッドの読み取りについて問う。 ・戦後の中国の歩みと人口問題のかかわりについて確認する。 ・「一人っ子政策」の功罪について確認する。 ＊中国の戦後の歩みと人口問題のかかわり，「一人っ子政策」の功罪について理解している。

4 授業展開（1・2時）

1 どこの国の人口ピラミッド？（第1時…50分）

T：今日は，ある資料，グラフ（図1）を見ていただきましょう。これ何でしたっけ？

S：中学校でやった！　人口ピラミッド！

T：その通りです。①～④までありますが，どこの国のものだと思いますか？　周りの人と相談してみてください。……どうですか？

S：①はアフリカのどこか？　　T：ふむふむ。

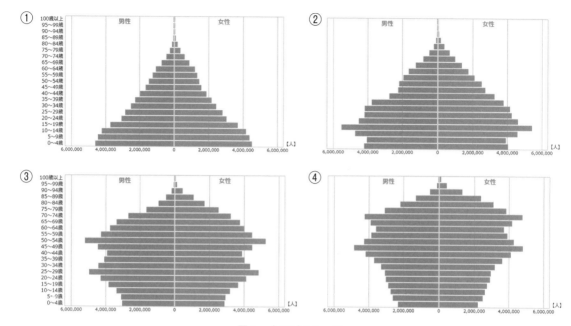

図1　人口ピラミッド

出典：統計ダッシュボード（https://dashboard.e-stat.go.jp/）

S：②はインドとかですか？　　T：ほうほう。

S：何か怪しいですね……，④が日本でしょ。

T：皆さん，とても優秀！　でもね，これ全部「日本」のグラフなんです。

S：ええーっ!?　だって，「どこの国」って……

T：だから，日本ですよ，全部。

S：？？？

　ちょっとイジワルをして印象に残したいという魂胆なのですが，生徒たちにとっては予想もしない答えとなったようです。上で述べているように，これらのグラフはすべて日本のものです。ただし，①は1940年，②は1965年，③は2000年，④は2020年を表しています。

　たしかに，人口ピラミッドの形状はその国の発展の度合いを表しますので，いわゆる「富士山型」が途上国，頭でっかちの「つぼ型」が先進国，その間が「つり鐘型」というように，どうしても「国による違い」として認識してしまうようなのですが，考えてみれば日本は最初から先進国であったわけではありませんし，中国やインドがすさまじい勢いで発展してきたことは学習済のはずです。多くの場合，社会の発展段階とは似たような経過をたどりますから，人口ピラミッドを見れば，その国の過去や未来の姿をある程度推測できるということになります。社会の発展段階によって，人口の増減の形態が「多産多死」→「多産少死」→「少産少死」へ変化していくことを「人口転換」といい，次のグラフ（図2）のように表されます。

　T：日本の人口ピラミッド（図3）をもう少し詳しく見てみましょうか。①〜④（男女とも）を見ると，ずいぶんへこんだり飛び出たりしてますよね。それぞれどんな事情だと思

いますか？

　例えば①は75歳くらいだから，この人たちが生まれたのが75年前，この頃にあったできごとは？

S：1945年……，あ，戦争？

T：その通り。そりゃ，結婚して子どもを産むどころじゃないよね。そうすると②がわかる？

S：そうか，世の中が平和になったから。

T：そうだね。ここの飛び出た時期を第1次ベビーブームといい，この時期に生まれた人たちを「団塊の世代」といったりします。一つ飛ぶけど，そうすると④は？

S：その子ども？　第2次だ。

T：はい，正解。「団塊ジュニア」です。最後に③ですけど，かなりへこんでますよね。戦争でもないのに，これは何？

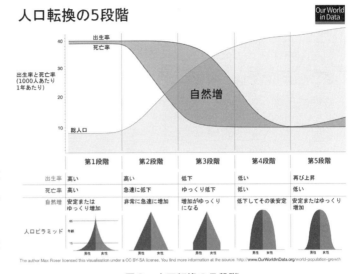

図2　人工転換の5段階
出典：Our World in Data "Teaching Notes - Population Growth – "

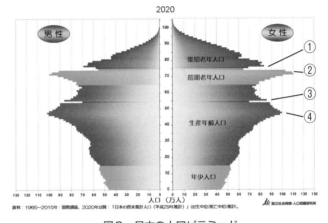

図3　日本の人口ピラミッド
出典：国立社会保障・人口問題研究所ホームページ（https://www.ipss.go.jp/）

この問いに対しては，生徒からはなかなか答えが出てこないかもしれません。1966年は，「丙午（ひのえうま）」という干支にあたります。この年に生まれた女性は気性が激しすぎて夫を不幸にするという迷信があり，出生数が少なくなっています。60年に一度回ってきますので次は2026年，毎回「君たちはどうよ？」と聞いています。この後は，グラフの形状から少子高齢化と人口減少の傾向が顕著であることを確認し，このことによって予測されるメリット・デメリットについて出し合う，この中で出てくるであろう「労働力不足」の解消方法として「外国人移民労働者」の受け入れることの是非について話し合う，などの内容を時間の余裕に応じて組み入れています。

2　人口大国・中国のゆくえは？（第2時…50分）

T：前回に引き続き，人口ピラミッド（図4）です。ある国の40年間の変化を示していますが，どこの国だと思いますか？　ヒントをいうと，帯の長さの単位が「何％」ではなく，

「何人」であればわかってしまうであろう国です。

S：ということは，多すぎるか，少なすぎるかのどちらか……？　少なすぎるってことはなさそうだから，中国！

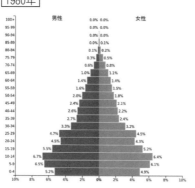

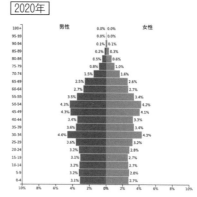

図4　中国の人口ピラミッド
出典：Our World in Data "Teaching Notes - Population Growth – "

T：さえてますねえ。大正解！　しかし，40年が長いか短いかは人と場合によるかもだけど，たった40年の間にものすごい変化だと思いませんか？　1980年の下の方，5～14歳のボリュームがすっかりなくなってますよね。これ，何か知ってることあります？

S：（声を揃えて）一人っ子政策！

T：そうですね。1978年から始まりましたので，すでに0～4歳のところがギュッと細くなってますよね。

　戦後の中国は，建国の父・毛沢東の指導のもとで社会主義国家として歩み始めましたが，1960年代以降の爆発的な人口増加による社会不安を危惧した中国政府は，一組の夫婦がもうけることのできる子どもの数を制限する「一人っ子政策」の導入に踏みきりました。制限に従う家庭には奨励金や学費の支給といった優遇が与えられ，従わない場合には罰金の徴収（地域によりかなり差があるそうですが，年収の数倍とも）や賃金カットなどが課され，中国社会に浸透していきました。周知のように2015年には制度の廃止が発表され，現在は一組の夫婦が3人目の子どもをもつことまでを認める方針が出されていますが，一人っ子政策が中国社会にもたらした影響は多大といえます。

T：……というわけで，この政策がなければ，中国の人口は今よりも4億人増えていたはずだといわれています。一方でもう一つの人口大国であるインドでは，こういう政策を行っていませんので人口が増え続けています。2020年代の後半には中国を抜いて世界一となる見込みです。こういう極端なことをした中国では，社会にかなりのひずみが出ています。何か聞いたことありませんか？　2020年のグラフの形を見て気付くことは？

S：日本とも似てますよね……，ということは少子高齢化？

T：そうです。人口14億の少子高齢化というのは，これまたすごいことになっていて，中国では65歳以上の高齢者が何と2億人近くいるそうです。

S：へえーっ！　日本の人口より多い，というか倍近い！

T：スケールが違うよね。他には……？

とくに農村部では，労働力として，また跡取りとしての男子が望まれることが多く，妊娠時に女子とわかると中絶してしまうケースが増えたため，男女比のアンバランスが問題となっています。自然妊娠のもとでは，男女の出生比は106：100程度といわれていますが，地域によっては男子の割合が110〜130に達するところもあり，結婚適齢期の男性が大量に余ってしまうことも話題となっていました。中絶をすることができなかった親の中には，届出をせずに子どもを育てる人もいます。ただし，存在しないことになっている子どもたちですから，学校や病院に行くことはできません。ID（身分証明）が様々な場面で必要となる中国社会では，交通機関を利用して移動することすらできないのです。このような子どもたちは「黒孩子（ヘイハイズ）」，闇の子どもとよばれ，その数は一千万人を超えるといわれています。

広大な国土に14億を超える人口（中には独立志向をもつ少数民族も）を抱えながら，現在の共産党一党独裁体制を堅持しようとすれば，必要な資源・エネルギー，食料を確保することや人口を「適正」規模に調整することは，中国政府にとっての最重要課題といっていいでしょう。そう考えれば，一人っ子政策だけでなく，南シナ海などへの海洋進出や香港，ウイグルにおける動きをはじめとする強硬な姿勢はすべてつながっているといえそうです。あくまでも「そちらの都合」であり，肯定できるものでもありませんが「そんなことも頭に置いてニュースを見るようにしてね」とまとめ，授業を終えます。

5 評価について

授業でふれた「人口ピラミッドは国の様子を表すだけのものではない」ことを念頭に，定期考査において以下のような出題をしました。酒々井町については生活知から都心のベットタウンであることを推測できるか，大泉町についてはラテンアメリカ単元での既習事項を用いることができるかを問います。

【問い】 下のグラフ①〜③は，千葉県酒々井町，群馬県大泉町，山口県周防大島町のいずれかの人口構成を示している。それぞれに該当するものを選び，答えなさい。〔知・技〕

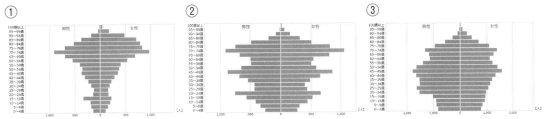

出典：統計ダッシュボード（https://dashboard.e-stat.go.jp/）

【解答】 ①周防大島町（少子高齢化）　　②酒々井町（働き手とその子どもによる家族）
　　　　③大泉町（男性の働き手が多い）

12 世界の食料問題の現状と対策には，どのようなものがあるだろうか？

1 本単元の主題とねらい

世界の食料問題の現状と対策には，どのようなものがあるだろうか？

　ここまで大項目Bの後半「国際協力」について，地球環境，資源・エネルギー，人口それぞれの問題を扱ってきました。共通していえることは，持続可能な社会を維持していくためには国家や地域を越えた協力関係が不可欠であるということ，その際には「世代間公正」と「世代内公正」の視点が欠かせないということです。

　一方で，それぞれの国々の発展段階によって意識に差があることも否めません。先進国にとっても明らかにいくつかの綻びが表れ始めているものの，解決への取り組みは次の世代へ向けてある意味緩やかに進んでいるように見えます。しかし，途上国，とくにLDC（後発開発途上国）とよばれるような国々にとっては，気候変動による砂漠化や海面上昇などの急速な進行，生きるために最低限必要となるエネルギーの枯渇などは，今日明日をどう生き抜くのかということに直結します。とくに食料をめぐる問題はきわめて緊急性の高い「世代内公正」であり，国連諸機関が呼びかけているように，すぐにでも援助が必要なケースが少なくありません。

　このような問題に向き合うにあたっては，議論の前提となる正確なデータを準備し，問題の原因をきちんと切り分けて多角的・多面的に見ることが欠かせません。授業では，世界全体で必要となる食料について数字（データ）を用いて生産と分配の視点から捉え直し，アフリカの飢餓の原因については自然的要因と歴史的・社会的要因とに切り分けて見ることをとおして，「ニュースの見方」の事例の一つを提供したいと思います。

2 各時間の問い

第1時
　・世界の食料生産は足りているのだろうか？〜「飢餓」と「飽食」のアンバランス
第2時
　・アフリカの飢餓はなぜ起こるのだろうか？〜原因は気候変動だけなのか？

3 単元の指導計画

時	ねらい	学習活動	教師の指導（＊評価）

主題

世界の食料問題の現状と対策には，どのようなものがあるだろうか？

時	ねらい	学習活動	教師の指導（＊評価）
	問い 世界の食料生産は足りているのだろうか？		
1	食料は世界全体で見れば十分な量が生産されていることに気付かせ，にもかかわらず途上国において飢餓が発生する背景に先進国の飽食があることと，その具体的な内容について理解させる。	・「世界の食料生産は十分に行われているのか」について考え，答えを出す。 ・本時の内容についてまとめる。	・生産された食料が平等に行き渡らない理由について問う。 ・先進国における肉類の消費拡大が食料供給に与える影響について確認する。 ＊世界の食料生産の現状と，先進国と途上国における供給のアンバランスについて理解している。
	問い アフリカの飢餓はなぜ起こるのだろうか？		
2	アフリカの飢餓の背景は干ばつなど自然的要因だけではないことに気付かせ，多角的・多面的な社会の見方を身に付けさせる。その上で，自分自身にできることは何かを考えさせたい。	・「アフリカ各地において，飢餓が繰り返されるのはなぜか」について考え，答えを出す。 ・本時の内容と，問題の解決に向けた行動についてミニ・レポートを作成する。	・干ばつなどの自然的要因以外のものについて，資料をもとに考えるよう指示する。 ＊アフリカにおける飢餓の背景には，干ばつなどだけではなく，歴史や社会的複合的な要因があることを理解し，その解決に向けて自分たちにできることは何かを考え，表現することができている。

4 授業展開（1・2時）

1 世界の食料は足りているの？（第1時…50分）

T：今回はちょっと深刻な話から……。（次頁図1を見せる）こういうの，今までも見たことありますよね。

S：（うなずく）

T：国連機関などの調べによると，78億人を超える世界人口の約1割，8億1100人近い人々が飢餓に苦しんでいて，その数も増え続けているといわれています。世界で生産されている食料は，とてもじゃないけど足りていないということなのかな？　どう思いますか？

S：8億人もいるんだったら，足りないということになるんですかね……。

実際に，数字を紹介して計算をさせます。なおここで「食料」と「食糧」の違いについても触れておくとよいでしょう。「食料」は食べ物全般，「食糧」は米や麦などの主食穀物をさします。ですから，ここでの計算は「食糧」の部分についてということになります。世界全体では年間28億トン程度の穀物が生

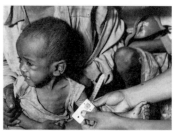
© WFP/Tsiory Andriantsoarana
図1　飢餓の子どもたち

産されており，これを78億人で割ると358kgとなります。一人あたりが1年間に食べる穀物の量はだいたい150kgとされていますから，これをはるかに上回る，倍以上の量が生産されていることになることを生徒たちは知ります。

T：さて，これはどういうこと？　なぜ，こんなにも多くの量の食糧が生産されているのに，8億人もの人が苦しむの？　周りの人と考えてみて……さて，いかがですか？　ヒントをいうと，アメリカの農業のところで一度ふれていることなんですが，穀物って人が食べるためだけにつくられていましたっけ？

S：そうか，家畜のエサだ！

T：思い出しました？　とくにトウモロコシなんかは，飼料に回される方が多いんです。例えば，日本国内で供給されている分でいうと飼料用は食用の7倍以上を占めます。

S：そんなに……。

T：最近の中国がいい例ですが，人は豊かになると油と肉をたくさん摂るようになります。世界の大豆輸入量の3分の2は中国が占めていますが，これは大豆を搾って油を取るためのものです。日本人も同じです。私が生まれた頃，いわゆる高度経済成長期より前は米と魚と野菜が中心でしたが，食生活が洋風化するにつれてパンやパスタなどの小麦食や，みんなが大好きなハンバーグやカレーみたいに，肉と油を多く使う食事が増えていったわけですよね。ですから，世界の多くの地域が豊かになって肉を食べる人が増えれば増えるほど，肉を消費しない人々の口に入る穀物の量は減っていくということになります。というわけで，世界全体で生産される穀物のうち，人が直接食べる量は半分以下でしかありません。

S：（なるほどねえ，という顔をしている）

T：食べるということ自体が悪いわけではないけれど，できるだけ必要な分だけ無駄がないように心がけないとね。日本でも「フードロス」が問題になっていますし……。

この他にも，気候変動によって途上国の営農条件が悪化していること，国際機関による援助物資などを除けば，そもそも食料はお金を出して買わなければならない「商品」であること，ゆえに，市場における投機の対象でもある穀物の価格が高騰した場合には，まず途上国が大きな影響を受けることなどを確認します。時間に余裕があれば，日本のように自給率の低い国が海外から食料を輸入する際の環境負荷（温室効果ガスの排出など）を数字で示した「フード・

マイレージ（輸入総重量×輸送総距離，単位はトンキロ）」や，同じく輸入食料の生産のために使われた水の量を推定する「バーチャル・ウォーター」などにもふれたいところです。

2 アフリカの飢餓はなぜ起こる？（第2時…50分）

T：前の時間の始めに，「飢餓に苦しむ子ども」の写真を見せましたよね。ああいうことが頻繁に起こる地域・国といえばどのあたりですか？

S：アフリカ！

T：その通り。私が中高生だったウン十年も前からあまり改善されていなくて，毎年のようにアフリカのどこかでこういうことが起きています。では，なぜアフリカなの？

S：雨が降らないから？

T：そうですね，干ばつで畑の表面がひび割れている写真もよく見ますよね。他には？

S：バッタが飛んできて，作物が全部食べられちゃう話をニュースでみたことあります。

T：おーっ，よく知ってました。すばらしい！　サバクトビバッタネ。あの写真も見るけど，「集合体恐怖症」の人は，まず間違いなく気絶しますね。（笑）他には？

S：（そんなもんじゃないの？　という顔をしている）

T：じゃあ，雨が降らなかったり，虫がやってきたりというのはアフリカだけ？

S：……。

T：ちょっと話を変えて，アフリカの地図を見てください。何か気付くことありませんか？

S：国境線が直線のところが多い。中学校で習いました！

T：そうですね。では，なぜ直線なんでしたっけ？

S：砂漠には，目印になるものがないから。

T：他には？

S：植民地にされたときに，勝手に線を引かれちゃったから。

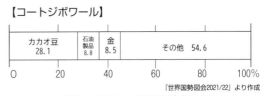

図2　アフリカ各国の輸出品

『世界国勢図会2021/22』より作成

T：その通りですね。アフリカは1960年代に多くの国が独立するまで，ほとんどがイギリスやフランスなどヨーロッパ諸国の植民地でした。そこから少し考えてほしいことがあります。では，これらのグラフ（図2）を見てください。アフリカ各国の輸出品の内訳です。何か気付くことはありますか？

S：自然のものばかり？　加工してない？

T：そうですね。この国々の人たちは，そんなにコーヒーやチョコレートが好きなのかな？

S：いや，そこまでは……。

T：では，なぜこんなにつくるの？　さっきの話を思い出して。

S：植民地だったときにつくらされた!?

T：その通りです！　これらの国々のように，特定の産品の生産や輸出に依存する経済のことを「モノカルチャー（単一生産）」といいます……。

　植民地時代に商品作物などの生産を強制されたために，アフリカ諸国では自給用農産物の生産体制が整備されていません。商品作物を売って得たお金で，自給用の穀物を買わなければならないこともあります。商品作物の国際価格は乱高下することも多く，これらに依存することには大きなリスクをともないます。

T：さっき，「勝手に国境線を引いちゃった」という話がありましたよね。「勝手に」というのは現地の人々の事情を考えないということですが，例えばどんなところに線が引かれることになったと思いますか？　みんなだったら，どんなところに引かれたら迷惑？

S：えーと，うちの敷地のど真ん中！（笑）

T：たしかに，それは困るな。お父さんとお母さんが別の国の人になっちゃった，みたいな。まあそれも極端かもしれないので，もう少し広げると？

S：「同じ家」を広げると，同じ「村」や「町」？

T：そうですね，そういったところでは何が共通なのかな？

S：言葉や宗教，文化？

T：その通り！　もともとアフリカでは，いくつかの王国は成立していたものの，伝統的な「部族」単位で社会生活が営まれていました……。

　「直線的な国境線」はアフリカの伝統的な部族社会の境界線を無視する形で引かれたために，植民地であった地域がそのまま独立国となった際，国内に多くの部族を抱えることになりました。一つの部族が隣国同士で分断され，ある国では多数派，一方の国では少数派となることも珍しくはありません。そのため，アフリカでは国境線や資源をめぐって，紛争や内戦，クーデターなどが頻発してきました。そのような国々では，軍人出身の指導者が独裁政治を行うことも多く，国民生活の向上に必要となる農業，教育や福祉などの政策は軽視されがちになります。

　このような状況の国をひとたび干ばつが襲えば，どのようなことが起こるかは容易に想像できます。先進国であれば，そもそも他所から買ってくれば済むでしょうし，アメリカのセンターピボットのように乾燥地を緑の農地に変えてしまうこともできます。普段から栄養が足りていれば，何食か抜いても命にかかわることはないでしょう。ただ，アフリカの場合には「雨が降らない」，「大量のバッタがやってきた」だけで（これも大変なことではありますが），たちまち飢えてしまう脆弱な社会の仕組みそのものが問題であるということ，ニュースを見たときに「ひび割れた大地」や「大量のバッタ」だけではなく，そこには映っていないことも含めて考えられるようになるといいよね，と伝え授業を終わります。

5 評価について

定期考査において以下のような出題をしました。

【問1】下のグラフ①〜④は，日本，中国，オーストラリア，カメルーンの輸出品目の内訳を示している。それぞれに該当するものを選び，答えなさい。〔知・技〕

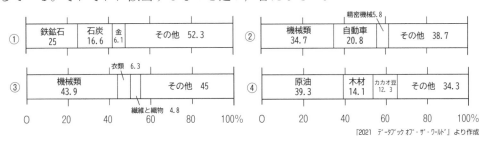

『2021 データブック オブ・ザ・ワールド』より作成

【解答】①オーストラリア　②日本　③中国　④カメルーン

　生徒たちからは「こんなの授業でやってない！」と文句を言われますが，涼しい顔で出題しておいて，答案返却の際に解き方を説明します。この手の問題で，よく出てくるのが「グループ分け」です。①と③が一次産品，②と④が工業製品中心の国であり，カメルーンが前者，日本が後者であることは明らかです。オーストラリアと中国については少し考えますが，③は衣類，繊維品などから中国，オーストラリアは産業構造から見ると例外的な先進国ということになります。初見の資料であっても，もてる知識やイメージから答えを導き出せるようになってほしいと思います。

【問2】下の資料における「影響」について，100字程度で説明しなさい。ただし，語句「独立」を必ず使用し，下線を付すこと。〔思・判・表〕

> 　ベルリン会議（1885年）で線引きされた国境は，帝国主義列強の利害によって各国の領土を定めたものだった。それは王国を分断し，1000年も続いていた地域間，異民族間の関係を寸断した。部族が半分ずつ，別々の植民地の支配下におかれるようになった場合も多々あった。親類同士で，別のヨーロッパ列強の支配を受けるようになったことさえある。こうした恣意的な分割が地元住民にどのような影響を及ぼすかは，まったく考慮されなかった。
>
> （キャロル著『チョコレートの真実』英治出版より）

【解答例】アフリカ諸国が独立する際に植民地時代の国境線がそのまま使われたため，国民は多数派と少数派の部族に分かれ対立し，資源や領土をめぐって紛争や内戦，クーデターが繰り返され，多くの人命が失われた。

（94字）

　これも初見の資料ですが，授業で扱った内容が頭に入っていれば，あとは字数に合わせて作文するだけです。とはいえ，ただ写しただけのノートやプリントの（　　）の中を必死に暗記するだけでは書けません。授業内でも考査でも，何度も繰り返し慣れさせたいところです。

ロールプレイングとダイヤモンドランキング
「屋久島の観光開発」

　他の単元においてもよく用いる手法ですが，ここではいわゆる「オーバーツーリズム」による環境破壊と観光関連業の維持・発展のはざまで揺れる鹿児島県屋久島の観光開発をテーマとして，意見の異なる様々な人々の立場を疑似体験し（ロールプレイング），政策の優先順位について合意形成（ダイヤモンドランキング）を試みた実践について紹介します。

　1993年に世界自然遺産として登録された屋久島では観光客が増え続け，年間の訪問客数は一時期40万人を超え，人口の30倍以上にも達しています。このことから，交通量の増加やトイレの不足による環境破壊，ごみのポイ捨てや住宅敷地への侵入など観光客のマナーの悪さ，宿泊施設や駐車場の不足など，多くの問題点が指摘されるようになりました。授業では，観光開発をめぐる利害関係者それぞれの役割を生徒に与え（ロールプレイング），島の将来像について行われた議論の内容を参考に作成した「屋久島の観光開発を考えるための９つの方法」に優先順位をつける（ダイヤモンドランキング）話合いを体験してもらいました。

　利害関係者は，屋久島町役場職員，農業経営者，環境保護NPO職員，旅行会社社員，建設業経営者，土産物店経営者の６者，そして「９つの方法」は，①登山道や駐車場を整備しより多くの観光客を受け入れる，②ガイドを登録・認定制としその質を高める，③入山協力金（日帰り1000円，１泊2000円）を義務化する，④観光客にマナーを守るよう呼びかける，⑤観光バスとレンタカーの乗り入れを禁止しシャトルバスのみとする，⑥ゴミ，トイレの処理能力を高め環境に配慮する，⑦リゾートホテルやテーマパークを建設する，⑧個人客の受け入れを中止しツアー客のみとする，⑨入山者数を現在の半分に制限する，としました。

　ジグソー学習の方法を用いて，はじめに６者の役割ごとに集まって「９つの方法」に優先順位を付けます。「ダイヤモンドランキング」では，優先順位１位から９位までを一つずつではなく，右図の例のようにある意味で大ざっぱに並べることができ，難易度が下げられています。さらに同じ立場ですから，それほど揉めることなくスムーズに決まります。次に６者で構成されたグループに戻りランキングを行いますが「え，これ真逆だ」，「難しい……」とここではかなり手こずるようです。慣れてくると「考え方として，一番近いのが，旅行・建設・土産物店の最下位が⑨。NPOと役場のワーストが⑦。建設，土産物屋，役場，NPOあたりは真ん中⑤が同じ。このあたりがだいたいの傾向なので……」と上手に進行できるグループが現れる一方，議論が破綻して沈黙してしまうところもないではありません。

　考えさせたい社会問題は多くあるとしても，経験の少ない生徒たちにただ「話し合いなさい」といっても難しいのが現実です。「形式的な合意」に陥るリスクはもちろんあるのですが，まずはこのように模擬的な合意形成の経験を重ねることの意味は大きいと思っています。

第3章
持続可能な地域づくりと私たち

日本の自然環境の特徴はどのようなものだろうか，また将来の災害にどう備えるべきだろうか？

1 本単元の主題とねらい

> 日本の自然環境の特徴はどのようなものだろうか，また将来の災害にどう備えるべきだろうか？

　未曽有の災害であった東日本大震災以降も，日本各地において地震災害や豪雨による洪水，土砂災害が頻発しています。このような自然災害から命や財産を守ることは，この国に暮らす人々にとって最も差し迫った社会課題であることは明らかでしょう。課題の解決方法を考えるにあたっては，まず世界的に見たときに日本の気候や地形などの自然環境がどのような特徴をもつのかを知り，さらに学習の対象として深められていく生徒たちの生活圏における自然環境の特徴や，災害を受け止める社会的な条件についても理解しておくことが求められます。

　本単元では，東アジアのモンスーン地域に位置する日本の気候の特徴を概観し，近年多発する豪雨災害についてふれます。次に広島市を事例として，人々の暮らしの場が社会の発展によって空間的に拡大していく過程で豪雨による土砂災害が発生したことを取り上げ，このことからハザードマップや地形図を読み取る技能を身に付け，自分が住む場所のリスクを把握することの重要性を伝えます。最後に，同じ社会に暮らす人々の様々な思いを尊重しながら，災害の教訓をどのように伝えていくのか，災害慰霊碑や遺構の保存問題をとおして考えてもらうこととしました。

2 各時間の問い

第1時
・日本の気候の特徴とはどのようなものだろうか？〜日本の空港の滑走路はどっち向き？

第2時
・日本の地形の特徴とはどのようなものだろうか？〜なぜ広島市には○○○がない？

第3時
・災害の教訓をどう生かすべきだろうか？〜災害慰霊碑，災害遺構をどう見るか？

3 単元の指導計画

時	ねらい	学習活動	教師の指導（＊評価）

主題

日本の自然環境の特徴はどのようなものだろうか，また将来の災害にどう備えるべきだろうか？

時	ねらい	学習活動	教師の指導（＊評価）
	問い 日本の気候の特徴とはどのようなものだろうか？		
1	毎年のように発生している豪雨災害について，モンスーンによって特徴付けられる日本の気候の仕組みと近年の温暖化を関連付けて理解させる。	・「日本の空港の滑走路はどっち向き？」かについて考え，答えを出す。 ・本時の内容についてまとめる。	・国内空港周辺の地図について気付くことを問う。 ・日本の気候を特徴付けているモンスーンの仕組みについて確認する。 ・近年増加する豪雨災害について確認する。 ＊日本の気候と近年増加する豪雨災害のメカニズムについて理解している。
	問い 日本の地形の特徴とはどのようなものだろうか？		
2	前時の内容に日本の地形の特徴を重ね，その典型例である広島市の事例をとおして起こりうる災害のリスクについて考えさせる。	・「日本の大都市の中で，広島だけにないものは何？」について考え，答えを出す。 ・本時の内容についてまとめる。 ・自分が住む場所のリスクについて，自治体のハザードマップなどを参考にして調べてみる。	・七大都市圏の中で広島市だけにないものは何か，またその理由について問う。 ・日本の地形を特徴付ける，川がつくる地形について確認する。 ・広島市で発生した土砂災害について確認する。 ＊川がつくる地形の特徴とそこで発生しやすい災害について理解している。
	問い 災害の教訓をどう生かすべきだろうか？		
3	災害慰霊碑や遺構に対する思いは人によって異なることを理解した上で，その教訓を今後の社会に生かすためにどうすればよいか考えさせる。	・必要な情報を確認した上で，自分自身の立場を定めディスカッションに参加する。 ・ディスカッションをとおして気付いたこと，考えたことについてまとめる。	・広島市の土砂災害慰霊碑や東北各地の震災遺構を紹介する。 ・それらに対して地元の人々がもつ思いについて確認し，ディスカッションを行うよう指示する。 ＊災害の教訓を今後の社会に生かすためにどうすればよいのか考え，意見を述べることができている。

4 授業展開（1～3時）

1 日本の空港の滑走路はどっち向き？ （第1時…50分）

T：今日はある場所の地図（図1をスクリーンに投影しますが，この段階では滑走路を強調していません）を2枚用意しました。これどこの地図ですか？

S：あ，空港ですね。羽田と成田だ。

T：見て何か気付くことありませんか？

S：ナスカの地上絵みたいな模様がありますけど……。

T：その部分なんだけど，それ何ですか？　これがなかったら空港とはいえないという……。

S：滑走路！

T：その通りです。では滑走路を強調してみましょう。（滑走路を枠で囲んだ図を投影）これでどうですか？　何か気付かない？

S：あー，たしかに！　同じ方向に並んでる！

　滑走路の向きは，その場所における年間の平均「風向」によって決められます。飛行機は離陸では浮力を増すため，着陸では減速するため，ともに向かい風を利用するからです。すべてがそうではありませんが，日本各地の空港では「北（北西）－南（南東）」の向きにつくられている例が多く見られます。羽田の南側に見えるのは，いわゆる「横風用」の滑走路です。

T：ということは，日本各地で吹く風はどちら向きになります？

S：えーと，北から南か，南から北？

T：そうですよね，しかも季節によって変わるんでしたよね？
　何といいますか？　　S：モンスーン！

T：では，なぜモンスーンが吹くの？　季節によって向きが変わるのはなぜ？

S：（なぜ？　といわれても……という顔をしている）

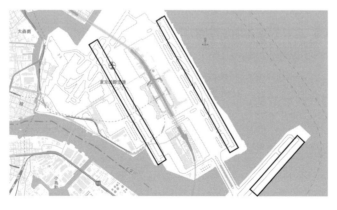

出典：地理院地図（一部加工）

図1　滑走路の様子（羽田空港・成田空港）

日本付近では，冬に北西から南東へ，夏にはその逆方向の季節風（モンスーン）が吹きます。それぞれの季節において，陸（ユーラシア大陸のシベリア付近）と海（太平洋）の間に気圧の差が生じるからです。すでに第2章2でふれているように，昼間の砂浜は火傷をしそうなくらいに熱くなりますが，夜になるとひんやり感じられます。一方で，海水に昼夜の変化を感じることはありません。このことから，陸（岩石や土砂）は熱しやすく冷めやすい，海（水）はその逆であることがわかります。

夏は，大陸の気温が急激に上がるため地表付近で上昇気流が発生（空気が足りない＝低気圧）します。そこへ大気が安定している（空気が足りている＝高気圧）太平洋側から大陸へ向かって南東の風が吹き込み（空気が移動し）ます。冬はこの逆の現象が起こることで，北西の風が吹くことになります。ちなみに「北西の風」とは北西「から」吹いてくる風をいいます。

暖気に覆われる夏と寒気に覆われる冬の間，つまり春や秋には日本付近で南の暖気と北の寒気がせめぎ合います。暖気と寒気の境目には雲ができやすくなり，雨が多くなる季節となります。これが梅雨や秋雨ですが，近年の温暖化をはじめとする気候変動によって，台風シーズンも含めて「ゲリラ豪雨」とよばれるような激しい降雨が増えています。災害から身を守るにあたっては，このような知識をきちんと押さえておくことも必要であると思います。

2 日本の都市の中で，広島にだけないものは何？（第2時…50分）

T：皆さん，日本の「三大都市圏」ってどこのことか知っていますか？

S：東京，大阪，名古屋ですよね。

T：そうですね。次に，地方の中心となっている大きな都市を四つあげてみましょうか。3＋4で七大都市圏なんていう言葉もありましたが……では，北からいってみよう！

S：やっぱり，札幌と福岡ですよね。あと二つか……。

T：東北と中国の中心は？　　S：仙台と広島！

T：はい，正解です。それでは次の質問。他の都市にあるのに，広島市だけにないものがあります。さて，それは何でしょう？　周りの人と相談してみよう！

ノーヒントでは難しいと思いますので，各都市の公共交通機関を示した図などを見比べるなどしてみると正解が出てきそうです。答えは「地下鉄」です（ここでいう地下鉄とは，他の都市にみられるような大部分が地下を走る路線網とします。正確にいえば，広島高速鉄道㈱，通称アストラムラインには地下部分があり，鉄道事業法上は地下鉄の扱いとなるそうです）。

T：では，なぜ広島市には地下鉄が建設されなかったんでしょうか？　考えてみてください。

S：難しいなあ，先生，ヒントください。

T：そうですねえ，地下鉄をつくるということは，当たり前だけど地下にトンネルを掘るわけですよね。広島市がどんな場所にできた都市なのか，地図帳で確認してごらん……。

広島市は，次の図2にあるように太田川をはじめとする河川が形成した三角州上に立地しています。三角州は河川によって運ばれた細かい砂や粘土が堆積してできた土地ですので，決し

て安定した地盤とはいえず大きな地震の際には液状化する可能性もあります。広島市においても地下鉄建設が計画された時期がありましたが，このような土地に地下空間を建設しようとすれば多額の費用がかかることから実現しませんでした。

出典：地理院地図（写真（一部加工）
図2　三角州

　ただし，日本の人口の多くは三角州でなくとも河川の氾濫によって堆積した土砂が形成した沖積平野（低地）に集中しています。山がちな日本の国土においては，コメをつくりやすく，交通の便も良い平野は暮らしやすいからです。

　　Ｔ：でもね，どんどん人口が増えると平野の中でも住みやすい場所が少なくなるから，住宅地は条件の良くないところにつくられるようになっていくわけです。それはどんなところだと思う？

　　Ｓ：平野にいい場所がなくなるということは……，山の方とか。

　　Ｔ：その通りです。逆に，もっと低い場所というのもありますけどね。もとの田んぼや谷を埋め立てた場所に，「○○台」とか「××が丘」という名前を付けて売り出している住宅地がたくさんありますからね。さて，「山の方」の話に戻りますが……。

　広島市では，近年の豪雨による土砂災害が頻発しています。中でも2014年に安佐南区，安佐北区を襲った土石流やがけ崩れによって多くの方々が犠牲になりました。広島市内では過去にも多くの土砂災害が発生しており，山を切り開いて斜面の直下や谷の出口付近まで住宅が開発されたこの地区でも，その危険性を指摘されていましたが教訓は生かされませんでした。

　ただ，これは広島に限ったことではありません。先にも述べたように，このような場所は日本各地にいくらでもあるからです。生徒たちや私自身が住む地域も「山」とまではいきませんが，川沿いの低地と台地が入り組んだところですので，豪雨災害のリスクを考えて生活をする必要があります。時間に余裕があれば，国土交通省の「ハザードマップポータルサイト」を経て居住する市町村のハザードマップを閲覧しリスクの有無を調べたり，ウェブサイト「今昔マップ」で新旧の地形図を並べて自宅のある場所が以前どのような場所であったかを確認させたりする，といった学習活動をとおして防災意識の向上を図りたいところです。

3　災害の教訓をどう生かすか？（第3時…50分）

　　Ｔ：前回，広島市の土砂災害について話をしましたが，広島市内にはこういうものがたくさん立っているんです（次ページの図3を投影する）。

　東日本大震災の被災地にもありますが，東北には慰霊碑だけではなく，（同じく投影）被害を受けた建物とその周辺を公園として保存・整備して，次の世代に教訓を伝えるための施設がつくられています。これを震災遺構といいますが，ここまでの道のりは決して平たんなものではありませんでした。ご遺族の中には，「こういった建物を見たくない」という方がいる一方で，

「次の世代のために残すべきだ」という意見もあるからです（このことについて報じるニュース映像を見せることもあります）。この問題をどう考えるべきか，まずは今の自分自身の意見を書かせ，それぞれの立場に分かれてディスカッションをします。その後，あらためて災害の教訓をどう生かしていくのか，それぞれの考えを深めさせます。

出典：広島市公式ホームページ「水害碑が伝えるひろしまの記憶―過去が教えてくれること―」より（情報提供：広島市）
(https://www.city.hiroshima.lg.jp/site/saigaiinfo/17775.html/)

出典：南三陸町観光協会公式ホームページ
「観光スポット・南三陸町震災復興祈念公園」より
(https://www.m.kankou.jp/view_spot/234397.html/)

図3　水害碑・災害遺構

5 評価について

　定期考査において以下のような出題をしました。問1，2ともに「知識」をベースとして，図を読み解く「技能」を問うための出題です。1の正答率は予想通り高めでしたが，授業内では天気図を扱っていません。2は，内容的にもほぼ初見で正解者は少数でしたが，きちんと地形を読み取り災害のリスクを想定できるところまで到達した生徒が存在することを確認できました。今後求められる学力を踏まえると，誰もが正解できそうなものだけでなく，力の差がわかる出題も一定数必要と考えています。

【問1】右図①・②はある年における1月と7月のある日の天気図である。羽田空港における原則的な離着陸が，北西に向けて行われる時期に該当する図はどちらか答えなさい。図中のHは高気圧をLは低気圧を示す。〔知・技〕

出典：気象庁ホームページ
(http://www.date.jma.go.jp/fcd/yoho/hibiten/index.html/)

【解答】①（北西の風が吹くと思われる冬の天気図である）

【問2】右の2枚の地形図のうち，①は広く住宅地として利用される現在の様子を示している。この土地が抱えるリスクについて，同一地域の旧版地形図である②を参考にして説明しなさい。〔知・技〕

出典：国土交通省ウェブサイトより
(https://www.mlit.go.jp/toshi/toshi-tobou-tk-000015.html)

【解答】この住宅地は，谷を埋めて造成されたと考えられるため，大地震などの際に地滑りを起こす危険性がある。とくに図の中心から北西よりの一帯においては，等高線が標高の高い東側に屈曲していることから，谷であることがわかる。

2 身近な地域にはどのような課題があるだろうか，その解決に向けてどう取り組むべきだろうか？

1 本単元の主題とねらい

身近な地域にはどのような課題があるだろうか，その解決に向けてどう取り組むべきだろうか？

　私たちが生きる社会にはさまざまな課題があり，その内容や解決方法は地域社会から地球規模のものまで空間的な広がりによって異なります。また，地域社会といっても，地域によってその様相には違いがありますから，地域の歩みや現状についての理解は，社会の課題について考える上での前提ともいえます。

　さらに，社会を構成する私たち市民の立場や考え方が人によって異なることも決して珍しくはないことから，課題解決にあたっては，社会的な合意形成が欠かせません。

　生徒たちが将来直面するかもしれない社会の課題に対して，主体的にかかわることができるように，地形図の読図や地域調査などの技能を用いて学校周辺地域に実在する社会課題の解決について考える授業を構想・実践してみました。

2 各時間の問い

第1時
・私たちの学校はどのような場所にあるのだろうか？〜屋上から学校周辺を眺めてみよう！

第2時
・学校周辺の自然環境にはどのような特徴があるだろうか？〜フィールドワークに出かけよう！

第3時
・学校周辺地域の社会課題にはどのようなものがあるだろうか？〜都市化と残された緑

第4時
・社会課題の解決方法にはどのようなものがあるだろうか？〜「おおたかの森公園」問題を考える協議会に参加しよう！

3 単元の指導計画

時	ねらい	学習活動	教師の指導（＊評価）
主題			

> **主題**
> 身近な地域にはどのような課題があるだろうか，その解決に向けてどう取り組むべきだろうか？

時	ねらい	学習活動	教師の指導（＊評価）
	問い 私たちの学校はどのような場所にあるのだろうか？		
1	地形図の読図について復習するとともに，地形や土地利用など学校周辺の様子を確認させる。	・地形図の読み方を思い出しながら，屋上から学校周辺を眺め学校周辺の様子を図上から確認する。 ・屋上からの景観と地形図の記載内容を見比べる。	・1人に1枚の2万5千分の1地形図を配付する。 ・校舎屋上にて，地形図を見ながら周辺を観察するように指示する。 ・安全指導を徹底する。 ・地形図や学校周辺地域に関する「クイズ大会」を行う。
	問い 学校周辺の自然環境にはどのような特徴があるだろうか？		
2	学校周辺の地形や土地利用などを観察し，それらを実感しながら歩くことで，地図上の表記と実際の景観を一致させる技能を身に付けさせる。	・筆記用具，地形図などをフィールドワークの準備し，時間通りに集合する。 ・安全に注意しながら，説明を聞きメモを取る。	・あらかじめ設定したポイントで説明をしながら引率する。 ・安全指導を徹底する。 ＊（1時と合わせて）地形図の読図方法と学校周辺地域の地形や土地利用について理解している。
	問い 学校周辺地域の社会課題にはどのようなものがあるだろうか？		
3	フィールドワークでの見聞，新旧地形図の着色やその比較などの地理的技能を用いて地域課題を見い出す方法を身に付けさせる。	・グループで考え，意見を出し合う。	・着色を施した新旧2枚の地形図を比較させ，気付いたことを発表させる。 ・宅地開発と森林の減少など市域の変化についてまとめ，「おおたかの森公園」問題について確認する。
	問い 社会課題の解決方法にはどのようなものがあるだろうか？		
4	立場の異なる者同士が合意を形成することの困難さを知るとともに，話合いをすることの意義に気付かせる。	・「おおたかの森公園」問題を考える協議会として立場の異なる5人×8グループに分かれ，問題の解決方法について協議する（ロールプレイ）。 ・授業のまとめとして，自分自身の意見や感想を書く。	・それぞれの立場における主張をしつつ，合意できる点を見つける努力をするように指示する。 ＊問題の解決方法を考え主張するとともに，互いの意見を尊重し合意形成の努力をすることができている。

※4時間扱いとしていますが，実際にはそれぞれの授業時の間に地形図の着色や自分が主張すべき内容を考えるなどの準備時間を取っています。

4 授業展開（1〜4時）

1 屋上から学校周辺を眺めてみよう！（第1時…50分）

T：今日は屋上へ行ってみましょう！

S：きゃー，やったー!!（本校の屋上は普段開放されていないので，とても喜びます）

T：その前に，地形図配りますね。筆記用具も持って……はい行きますよー。

S：……（ただ楽しいだけではないらしい……）

　安全管理については気を遣いますが，少しのんびりした楽しい時間です。始めの10分ほどは，自由に色々な方向の景色を見させます。ただし見ている方にあるものと，地形図の記載を必ず照らし合わせるように指示します。その後，また集合させて（部活用の笛を持って行きます）〇×形式のクイズ大会を行います。

T：では第1問。私が今指さしている方角は「西」である。〇か×か？　〇だと思う人はこの線から右へ，×は左側へ移動してください！……（生徒が動いたのを見て）よろしいですか？　高い塔のようなものが見えますよね。あれはクリーンセンターの煙突です。地図上でクリーンセンターを見つけてください。本校から左の方にありますよね。地図上では，とくに断りのない限り上が北，下が南，で左は……？

S：「いえーい！」「えーっ？」（ここで間違えてしまう生徒もいます）

T：はい，残念ながら間違えた人はこちらのスペースへ退場してください……。

　このような感じで5，6問を出題し，最後まで勝ち抜いた生徒には駄菓子などプレゼントして終わります。問題の内容は「本校と向かいにある小学校の敷地の標高は，同じである」や「本校の周辺は海の底だったことがある」など，すべてが地形図や周辺の観察によって答えを出せるものではありませんが，後の授業の伏線となるようなものとしています。

2 フィールドワークに出かけよう！（第2時…50分）

　フィールドワークに出かけたことは後になっても覚えているようで，遊びに来た卒業生が嬉しそうに「あの『散歩』の時間楽しかったなあ」などと言ったりすることがあります。必ず「『散歩』じゃなくて，『フィールドワーク』とか『巡検』と言いなさい」と言い返しますが。ルートと見るべきものについては，夏休みなどを利用して実際に歩いて下調べをしておきます。本校周辺は，江戸幕府の軍馬の牧場として開発された「牧（まき）」とよばれる一帯でしたので，歴史上有名なスポットがあるわけではありません。ただ，学校の多くは地価の安い台地上か，低地にあることがほとんどですので，地理の授業の中で防災や環境を扱うにあたっては材料に困ることはないと思っています。

　この時間の目的は，学校周辺についての見聞を広げることとともに，学校周辺の地形（土地の起伏）や土地利用などを観察し，それらを実感しながら歩くことで地図上の表記と実際の景観を一致できるようにすることです。それを考えると2万5千分の1地形図では細かいところ

を読み取ることができませんので，市役所で購入した2千5百分の1地形図を使っています。あらかじめ等高線を色鉛筆でなぞらせ，台地（20m超）と低地（10m未満）に着色したものを手にしてフィールドワークに出かけます。ちょうど50分で回れるくらいのコースに，10カ所程度のポイントを設けて以下のようなやり取りをします。

> T：では，ここで止まってください。この川，というか用水路ですが，どちらへ向かって流れていますか？
>
> S：左の方ですかねえ……。
>
> T：その通り，左の方が低くなっています。結局この水はどこへたどり着くの？
>
> S：江戸川！
>
> T：さすが，地元の人！　そうです。皆さんが利用する駅のあたりからこちら側の水は江戸川へ流れ込みます。では，駅の向こう側に降った雨，水はどこへ行くのかな？
>
> S：えー，どこだろう……？
>
> T：手賀沼を経由して利根川へ流れます。水の流れの分かれ目となる，標高が高い駅周辺のようなところを分水界，山の稜線だと分水嶺といいます。

3 学校周辺地域の課題とは何だろうか？（第3時…50分）

　本校が位置する千葉県流山市は，東京都心から25キロ圏内にあるベッドタウンです。後でまたふれることになりますが，東京・秋葉原〜茨城・つくば間を結ぶ「つくばエクスプレス」の開通により都心と直結するようになったことから，人口が増加しています。最近では，転入の超過数が政令指定都市を除いて全国1位となったことが話題となり，市は「都心から一番近い森のまち」，「母になるなら，流山市。」などをキャッチフレーズとしてPRに努めています。

　さて授業の方は，新旧（1952年と2005年）2種類の2万5千分の1地形図（図1）について，水田を黄色，畑を茶色，森林を緑色で着色させたものを用いて，そこから読み取れる地域の変化についてグループごとに出し合ってもらいました。ほとんどが森林であった東側の台地が宅地化され，緑が激減していること，また台地に入り込んだ谷津も埋め立てられ，宅地化されて

いることがわかります。生徒たちから出てきた「緑が減った」，「家が増えた」，「道路や鉄道の駅が増えた」などの意見を「都市化」というキーワードでまとめ，ここ100年ほどの市の人口，市域における森林面積の比率の推移について説明し，周辺地域の開発の進行について確認しました。次に2005年の地形図上で，まとまった緑が残されているところはどこかを問うと，生徒たちは迷うことなくある場所を指し示すことができ

1952年　　　　　　　　2005年

図1　2種類の地形図

ました。それは本校の体育や部活動のランニングコースからも見える「市野谷の森」です。

　先述のとおり「つくばエクスプレス」が開業してから，沿線の様子は大きく変わりました。ターミナル駅である「流山おおたかの森駅」周辺にはショッピングセンターや高層マンションが立ち並び，活気にあふれています。一方で，開発によって豊かな緑が失われつつあったことには懸念の声もありました。とくに，「希少野生動植物種」や「準絶滅危惧種」に指定されているオオタカの巣が確認されて以来，森の保護について環境保護団体が交渉を続けた結果，1996年に千葉県は開発予定地の一部を県立公園として整備することを決定しました。これが「市野谷の森」，周辺の地名や本校の校名でもある通称「おおたかの森」です。

　しかし，決定から30年近くが経過した今も，公園は着工にすら至っていません。予定地内では森林の一部が伐採されるなどの事態も発生したため，環境保護団体は2015年に署名活動を行い早期着工を要請しましたが，一般の市民の関心は高いとはいえず，生徒たちもその存在を知りませんでした。次の時間は，この問題について生徒たちが様々な役割や立場を演じながら（ロールプレイ），解決について話し合うこととしました。

4 「おおたかの森公園」問題を考える協議会に参加しよう！（第4時…50分）

　事前準備として，「協議会」に参加するメンバーの役割を決め，役割にもとづくそれぞれの発言内容を考えさせておきます。まずクラスを5人×8班に分け，5枚のカードをそれぞれ引かせ役割を決めます。その後，役割ごとの8人×5班に組み替え，いくつかの参考資料を渡し，

【流山市職員】	【千葉県職員】
公園がつくられる市の職員として，会議を取り仕切る。参加者の意見をよく聞いて，「誰か」の意見を丸ごと結論にするのではなく，参加者全員がある程度納得できる「第三の道」を探ろうとする（実際は県と協調して計画を進める立場ですが，授業では司会者役を割り当てました）。	約20年前に公園をつくることを決定しているが，財政が厳しいため，計画を進めることが難しい。公債費（借金の返済）や福祉，教育にかかる費用は毎年ある程度決まっているため，自由に使える予算は限られている。
【環境保護NPO】	【地権者】
つくばエクスプレスの建設にともなって，自然環境が失われていくことを懸念し，巣が確認されたオオタカが今後も生息できる自然環境を守るための運動を続けてきた。その結果，県立公園として森の保全が決まったものの，一向に工事が進まないため，署名運動をおこした。	公園をつくることを含む都市計画には同意したものの，工事に先立つ土地の買収が進まないため，不安を抱えている。土地の所有にかかる固定資産税による負担も大きいので「いっそのことアパートや駐車場などに転用できればいいのに」と思っている。

【普通の市民】
「遊具とかがたくさんあって，遊べる公園がいいなあ」，「オオタカも大切だけど，せめて子どもたちが自然観察に入れる程度のものにしてほしい」，「いつまでたっても完成しないのなら，もういいんじゃないの？　マンションでも建てたら？」など，いろんなことを言う人がいる。

資料1　「協議会」役割カード

同じ立場の者同士で「協議会」における発言内容についてアイディアを出し合わせます。5人の関係者と，その役割について示したカードの内容を前頁資料1に示しました（2015年8月時点における取材で得た情報をもとに，模式的に作成）。

「協議会」当日は，5人×8班に戻り立場の異なる5人がそれぞれの役割にそって主張を展開することになります。話合いの様子を見ながら，「0か100か」ではなく，「第三の道をさぐる」ことも目指してみようということ，最後に各グループの合意内容を発表してもらうけれども，合意が成立しなかった場合でもその理由を述べてほしいこと，を伝えました。最終的な合意内容ですが，多くのグループで合意が成立せず，結論としてはその困難さを確認するものとなりました。成立したとしても，「募金を集める」，「ボランティアにお願いする」，「住民の合意による特別税をつくる」などの意見が出てきた程度でしたが，生徒たちは授業から多くのものを感じ取ってくれたと思っています。

5 評価について

一連の授業から学んだことについて感想や意見を書かせ，「思考・判断・表現」の評価材料としました。基準は次のとおりです。A評価の例（一部）を下に示します。〔思・判・表〕

評価の段階	評価の基準
A：十分満足できる	Bに加えて，授業テーマ以外の地域に視野を広げたり，将来的な社会参画に言及したりしている。
B：おおむね満足できる	他者の立場にも配慮しながら，自分自身の考えを主張できている。
C：努力を要する	他者の立場に言及することなく，自分の主張に終始している。

【解答例】…意見が対立してぶつかり合っても話し合うというのは大切なんだなと思いました。今回の話し合いは「市野谷の森」についてでしたが，私の地元である○○市にもオオタカはいなくても同じような問題はあると思います。だから，今度はこの授業をきっかけにして，○○市が抱えている問題だけでなく，いろいろな地域のことについても考えてみたいと思いました。「身近な地域の学習」は，もう一度その地域を見直すきっかけになると思いました。

【解答例】自分とは立場が異なる人たちの意見を尊重することの大切さが学べた。…自分の意見を異なる立場の人たちに納得できるように説明することがとても難しかった。こんなに身近な場所で問題が起きているのはびっくりした。これからもどう解決していくのか気になる。私の住んでいる地域でもゴミ捨て場の問題が発生している。（この後，住宅地の拡大と増加するごみ処理について説明）…それで会議などが数年後に行われると思う。その時にはその話し合いに参加したい。そして多くの人たちが納得できるような意見を言えるようになっていたい。

Column
活動のタネ

コンセンサス会議
「遺伝子組み換え食品の安全性について考える」

　これまでも述べてきたように，社会には居住している地域から国家間にまたがるレベルにわたって数多くの課題が存在しますが，予算や人的資源に限りがある中でそれらの解決を図るためには，その方針を一定の方向にまとめる必要があります。とはいえ，社会を構成する人々の立場や考え方は多様であり，合意を形成することは簡単ではありません。将来，社会に出た生徒たちがこのような場面に向き合う際の準備となるよう，試みてきた手法を紹介します。

　「コンセンサス会議」は，一般の市民が社会課題の解決や政策決定に関わっていくことを目的として，1980年代のヨーロッパで開発されました。その特徴は，①専門的な知識をもたない一般の市民が，②問題に対する立場の異なる専門家の意見を聞きながら，③一度きりの議論ではなく継続的なコミュニケーションをとり，④市民のみで結論を出す，というものです。似たような空間である教室においても，同じ手法が有効なのではないかと考え，これまでにいくつかの実践をしてきました。標題にある「遺伝子組み換え食品の安全性について考える」は，アメリカの農業を扱った際に関連して行った授業です。その流れを下表に示します。

回	内容
1	アメリカ農業とその地域的な特徴について（講義，地図作業）
2	アメリカ農産物に依存する日本の食糧事情について（講義）
3	「遺伝子組み換え農産物」についての疑問を出し合い，まとめる（グループワーク）
4	テーマについて自分の立ち位置を決め，1回目の討論をする（討論）
5	専門家の話①「遺伝子組み換え技術の基礎について」（東大教授より）
6	専門家の話②「遺伝子組み換え反対の立場から」（生活クラブ生協職員より）
7	専門家の話③「遺伝子組み換え推進の立場から」（日本モンサント社員より）
8	再度，テーマについて自分の立ち位置を決め，2回目の討論をする（討論）

　この授業では2回の討論だけではなく，専門家の話を聞く度に生徒たちの立ち位置を確認し，意見を書かせました。初めの印象や予備知識にもとづいた判断を一貫して変えない生徒もいますが，毎回のように変わる生徒が多く，書けることも増えていきます。このことから，専門家の話から獲得した知識や他の生徒たちとのやり取りをとおして，彼らの認識が変化し深まっていくことを確認することができた，印象深い授業となりました。とはいえ，外部からゲストをお呼びするのは，打ち合わせの段階も含めると相当な負担であり，2単位の「地理総合」を7，8クラス担当するような状況（上記授業は「地理B」4単位で実施）を考えると現実的な授業プランではありません。しかし，単元を見とおして教師側から様々な立場からの見方を示し，意思決定や話合いの時間を確保することで，これに近い効果を期待できるのではないかと考えています。既に紹介した第3章2は，この発想にもとづいて実践したものです。

おわりに

　以前から予定されていたことですが，定年が65歳まで延長されました。職場でその件を伝えられた時にふと思ったことは，「あと10年以上『地理総合』を担当することになるのだから，苦手な GIS もちゃんと勉強しなきゃいかんなあ」でした。それほどに新科目「地理総合」からは，あえてその学習内容を①地図と GIS，②グローバル，③地域の防災と社会課題の解決にしぼり，とにかく「社会に出てからも使える力」を身に付けさせる，という気迫のようなものを感じます。主題的な学習が中心となるため，とくに「地理探究」を履修しない生徒には，世界や地域を総体として扱う地誌的な内容が不足し，トータルとしての世界認識が形成されにくいというデメリットも指摘されていますが，授業構成の工夫によってカバーしたいところです。

　これまでの経験の中で，ある生徒とのやり取りから，ただ教え込んだだけのものは生徒たちの力にはならないということを痛感して以来，ディベートを導入するようになりました。やっているうちは面白いのですが（だから今でもやります），しだいに「二項対立」のむなしさが目に付くようになり，実在の社会課題をテーマとして合意形成を目指す授業に関心が移っていきました。そこには，授業をとおして「教室と社会を接続する」ことができないかという思いがあります。生徒から「先生，これやって将来何かの役に立つんですか？」と言われた経験がある教員は少なくないと思いますが，それに対して自信をもって答えられなかった私が何とかたどり着いたテーマです。

　今回いただいた機会をとおして「地理総合」とじっくり向き合ってみて，「教室と社会を接続する」可能性を感じています。これまでにも取り組んできたことですが，学習指導要領や教科書の裏付けもできたことですし，定年延長によって授業をする時間が伸びた分も使って色々なことを試みてみたいと思っています。この本を手に取っていただいた先生方と，どこかの学校で同僚となったり，研究会でお会いしたりしたときに「最近，なんか面白い授業やりました？」，「いや，じつは……」というようなお話ができることを楽しみにしています。

　文中における生徒とのやり取りは，ここ何年かの授業の様子を思い浮かべながら書きました（少し盛ってます）。頭の中ではありますが，愛すべき生徒たちともう一度会話ができたような気がしてとても楽しい時間を過ごせました。最後に，本書の出版の機会を与えていただいた明治図書出版，編集をご担当いただいた中野真実さんに深く感謝申し上げます。

2022年6月　　　　　　　　　　　　　　　　　　　　　山本　晴久

参考文献

・池上彰『そうだったのか！　現代史』（2000，集英社）

・池上彰『そうだったのか！　現代史パート2』（2003，集英社）

・池上彰『そうだったのか！　アメリカ』（2005，集英社）

・池上彰『そうだったのか！　中国』（2007，集英社）

・井田仁康編『高校社会「地理総合」の授業を創る』（2021，明治図書）

・NHKスペシャル取材班『インドの衝撃』（2007，文藝春秋）

・NHKスペシャル取材班『縮小ニッポンの衝撃』（2017，講談社）

・遠藤宏之『地名は災害を警告する－由来を知りわが身を守る』（2013，技術評論社）

・大野新・竹内裕一編『地域と世界をつなぐ　「地理総合」の授業』（2021，大月書店）

・開発教育推進セミナー『新しい開発教育の進め方－地球市民を育てる現場から』（1995，古今書院）

・河合雅司『未来の年表　人口減少日本でこれから起きること』（2017，講談社）

・キャロル・オフ『チョコレートの真実』（2007，英治出版）

・小林傳司『トランス・サイエンスの時代－科学技術と社会をつなぐ』（2007，NTT出版）

・柴田明夫『食糧争奪－日本の食が世界から取り残される日』（2007，日本経済新聞出版）

・ジャン・ジグレール『世界の半分が飢えるのはなぜ？－ジグレール教授がわが子に語る飢餓の真実』（2003，合同出版）

・白戸圭一『ルポ　資源大国アフリカ－暴力が結ぶ貧困と繁栄』（2009，東洋経済新報社）

・全国教室ディベート連盟『ディベートをやろう！論理的に考える力が身につく』（2017，PHP研究所）

・千葉県高等学校教育研究会　地理部会『新しい地理の授業：高校「地理」新時代に向けた提案』（2019，二宮書店）

・地理教育研究会『地理を楽しく！－子どもを引きつける60のポイント』（2009，高文研）

・デイビット・セルビー，グラハム・パイク『グローバル・クラスルーム』（2007，明石書店）

・データブック入門編集委員会『データが読めると世界はこんなにおもしろい　データブック　オブ・ザ・ワールド入門』（2019，二宮書店）

・橋本淳司『67億人の水　「争奪」から「持続可能」へ』（2010，日本経済新聞出版）

・長谷川直子編『今こそ学ぼう地理の基本』（2018，山川出版社）

・早坂隆『世界の日本人ジョーク集』（2006，中央公論新社）

・星野眞三雄『欧州危機と反グローバリズム』（2017，講談社）

・前野ウルド浩太郎『バッタを倒しにアフリカへ』（2007，光文社）

・松本穂高『歩いてわかった地球のなぜ!?』（2017，山川出版社）

・松本穂高『地理が解き明かす地球の風景』（2019，ベレ出版）

・水野一晴『自然のしくみがわかる地理学入門』（2015，ベレ出版）

・水野龍哉『移民の詩　大泉ブラジルタウン物語』（2016，CCCメディアハウス）

・宮路秀作『経済は地理から学べ！』（2017，ダイヤモンド社）

・矢部武『アメリカ白人が少数派になる日』（2020，かもがわ出版）

・ラス・カサス『インディアスの破壊についての簡潔な報告（改訂版）』（2013，岩波書店）

・レスター・R.ブラウン『データでわかる　世界と日本のエネルギー大転換』（2016，岩波書店）

・渡辺一夫『地図の「読み方」術－地図と歩こう調べよう』（2009，誠文堂新光社）

【著者紹介】
山本　晴久（やまもと　はるひさ）
1967年，東京都生まれ。
明治大学文学部史学地理学科地理学専攻卒。
千葉大学大学院教育学研究科修了。
千葉県の県立高校に30年勤務。
【共著】
・坂井俊樹・竹内裕一・重松克也編『現代リスク社会にどう向きあうか―小・中・高校，社会科の実践』（2013，梨の木舎）
・千葉県高等学校教育研究会地理部会『新しい地理の授業：高校「地理」新時代に向けた提案』（2019，二宮書店）
・大野新・竹内裕一編『地域と世界をつなぐ「地理総合」の授業』（2021，大月書店）

高等学校
「主題」と「問い」でつくる地理総合

2022年7月初版第1刷刊　Ⓒ著　者　山　本　晴　久
2024年1月初版第2刷刊　発行者　藤　原　光　政
発行所　明治図書出版株式会社
http://www.meijitosho.co.jp
（企画・校正）中野真実
〒114-0023　東京都北区滝野川7-46-1
振替00160-5-151318　電話03（5907）6702
ご注文窓口　電話03（5907）6668

＊検印省略　　　　　　組版所　藤　原　印　刷　株　式　会　社

本書の無断コピーは，著作権・出版権にふれます。ご注意ください。

Printed in Japan　　　　　　ISBN978-4-18-386923-4
もれなくクーポンがもらえる！読者アンケートはこちらから →

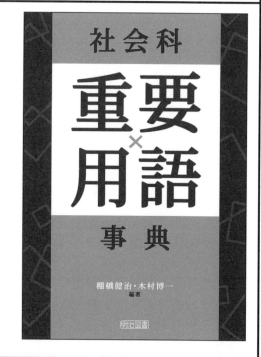